Matthias Ma

iPhone 6 und iPh...

das inoffizielle Handbuch

Matthias Matting

iPhone 6 und iPhone 6 plus
das inoffizielle Handbuch

Impressum
© für alle Inhalte:
Matthias Matting,
AO Edition.
Kontakt über: kindle@matting.de
Matthias Matting,
St.-Wolfgangs-Platz 9H,
81669 München.
www.selfpublisherbibel.de
Cover: Tanja Grubisic
Satz & Gestaltung: Hanspeter Ludwig
Herstellung und Verlag:
BoD - Books on Demand, Norderstedt
ISBN 978-3-7357-5042-6

Inhalt

Vorwort

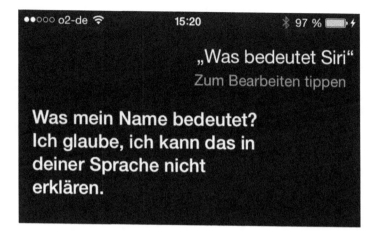

Liebe Leserin, lieber Leser,

Es freut mich, dass Sie zu meinem kleinen iPhone-6-Handbuch gegriffen haben. Vielleicht kennen Sie mich bereits als Autor der Bestseller-Handbücher zu verschiedenen eReader-Modellen. Wenn ja: schön, Sie wiederzusehen! Wenn nicht, möchte ich Ihnen an dieser Stelle das spezielle Konzept meiner inoffiziellen Handbücher vorstellen.

Mit dem Kauf dieses Titels haben Sie nämlich gewissermaßen ein Abo abgeschlossen – ohne weitere Kosten, versteht sich. Wann immer sich die Funktionalität Ihres Geräts wesentlich ändert, erhalten Sie ein Update dieses Handbuchs in digitaler Form. Kostenlos, wie gesagt. Alles, was Sie dazu tun müssen: Registrieren Sie sich unter www.selfpublisherbibel. de/abonnieren als Leser.

Ansonsten wünsche ich Ihnen nun viel Spaß beim Lesen – und spannende Stunden beim Entdecken Ihres neuen iPhone 6. Wenn Sie Fragen oder Probleme haben, wenden

Sie sich gern an mich, am besten per E-Mail über matting@
matting.de.

Ihr Matthias Matting

Vor dem Kauf

Sie halten Ihr iPhone 6 noch gar nicht in der Hand? Sie überlegen vielleicht noch, ob Sie die 700 oder 800 Euro ausgeben sollen? In diesem Kapitel erfahren Sie, warum Sie das neueste Apple-Handy kaufen sollten – und welche Gründe dagegen sprechen.

Die Hardware

Das schlanke Gehäuse, das geringe Gewicht und der leistungsfähige Prozessor von iPhone 6 und 6 plus sind in der gesamten Handy-Welt führend. Bei unabhängigen Tests schnitten beide Modelle bei ihrem Erscheinen hervorragend ab, und zwar besser als jedes Android-Handy. Das lässt sich Apple allerdings auch gut bezahlen.

Negativ fällt ins Gewicht, dass sich das iPhone weder erweitern lässt (etwa um mehr Speicher) noch dass der Akku vom Nutzer austauschbar eingebaut wurde. Die Akkulaufzeit ist im Vergleich zur Konkurrenz hervorragend, aber auch das iPhone 6 muss möglichst jeden Tag an die Steckdose. Die Bildschirmauflösung ist gut, aber nicht unübertroffen; die Farbqualität des Displays ist sehr gut, aber nicht bestmöglich.

Einen sehr guten Ruf genießt seit jeher die iPhone-Kamera, und auch bei diesem Modell hat sie wieder zugelegt. Beim iPhone 6 plus besitzt sie sogar einen optischen Bildstabilisator.

Die Software

Das Betriebssystem der iPhone ist iOS 8. Die Software hat viel hinzugelernt. Apps, die alle iOS-8-Features ausnutzen, werden demnächst in der Mehrheit sein. Zum Start gibt es allerdings nur eine kleinere Auswahl. Es funktionieren jedoch auch sämtliche iOS-7-Apps unter iOS 8, sodass die Auswahl trotzdem riesig ist. Zudem ist iOS bei Programmierern oft erste Wahl.

iOS 8 ist komfortabel und bequem. Apple legt großen Wert darauf, dass alle wichtigen Funktionen (und nur die) mit möglichst wenig Aufwand zugänglich sind. Zum Komfort kommt Sicherheit: Echte iOS-8-Schadsoftware gibt es im Grunde nicht. Und wann immer sich ein Systemfehler zeigt, liefert Apple möglichst schnell ein Update, das an alle iPhones verteilt wird.

Sicherheit und Komfort haben allerdings ihren Preis. Das Apple-System gängelt den Nutzer gern mal, lässt ihn etwa zu seinem eigenen Schutz nur genehmigte Programme aus dem AppStore installieren. Das lässt sich zwar umgehen (»Jailbreak«), aber nur umständlich. An manchen Stellen hat Apple auch bewusst auf Funktionalität verzichtet, damit das Smartphone leicht zu bedienen bleibt.

Das System

Als Apple-Kunde kaufen Sie sich in ein komplettes System ein, bei dem jeder Teil mit jedem anderen sehr gut zusammenarbeitet. Schluss mit den Inkompatibilitäten, die Sie von Windows kennen.

Dabei lässt sich jedoch nicht bestreiten, dass im Vergleich zu Konkurrenzprodukten bei Apple stets ein bisschen mehr kassiert wird. Sie brauchen Kabel mit Apple-Steckern und kaufen in Apple-Stores für Musik, Apps und eBooks ein.

Wenn Sie irgendwann wechseln wollen, erschwert das den Umstieg. Mindestens Ihre Investitionen in Apps gehen verloren. Für alles andere gibt es inzwischen aber Werkzeuge. Musik ist bei Apple sowieso seit einiger Zeit kopierschutzfrei.

Welches Modell?

Neben den ganz neuen Modellen iPhone 6 und 6 plus verkauft Apple weiterhin die inzwischen ein Jahr alten Modelle 5s und 5c. Welches sollten Sie wählen?

Beginnen wir beim iPhone 5c (399 Euro). Es ist das bunteste iPhone, weil in vielen Farbvarianten erhältlich. Es besitzt aber nur 8 GB Speicher und den älteren A6-Prozessor. Damit ist es am wenigsten zukunftsfähig: Programmierer orientieren sich meist an den Fähigkeiten des aktuellen Modells. Für die 399 Euro des iPhone 5c sollten Sie lieber ein technisch sehr viel besseres Android-Handy zum gleichen Preis erstehen, das wäre ein besserer Deal.

Das zum selben Zeitpunkt wie das 5c erschienene iPhone 5s ist das erste Apple-Handy mit Fingerabdrucksensor. Sein A7-Chip ist noch zeitgemäß, der Speicher 16 oder 32 GB groß (599 / 649 Euro). Es lässt sich problemlos mit iOS 8 aufrüsten. Wie das iPhone 5c besitzt es einen 4-Zoll-Bildschirm, der Umsteigern von einem Android-Smartphone klein vorkommen könnte. Der Preis erscheint trotzdem etwas hoch, zumal Sie für 100 Euro mehr ein iPhone 6 erhalten. Sie sollten den Mehrpreis höchstens dann vermeiden, wenn Sie ein möglichst kleines Handy suchen.

Beim iPhone 6 ist die Bilddiagonale auf 4,7 Zoll gewachsen. Die Auflösung ist nicht im gleichen Maß gestiegen, sie liegt bei 1334 x 750 Pixeln, das ist wenig, verglichen mit der Android-Konkurrenz. Im flachen und leichten Gehäuse (129 Gramm) werkelt der noch etwas flottere A8-Chip. Das iPhone 6 ist mit 16, 64 und 128 GB erhältlich (699 / 799 / 899 Euro). Es stellt wohl den besten Kompromiss zwischen Größe und Komfort dar.

Das iPhone 6 plus ist mit 5,5 Zoll Bilddiagonale fast schon ein kleines Tablet. Es liegt nicht mehr so gut in der Hand wie das iPhone 6 und wiegt mit 179 Gramm deutlich mehr. Dafür besitzt es allerdings auch einen exzellenten FullHD-Bildschirm (1920 x 1080 Pixel). Wegen des optischen Bildstabilisators seiner Kamera kann man es Foto-Fans zurecht ans Herz legen. Je nach Speicherausstattung (16 / 64 / 128 GB) kostet es jedoch bereits 799, 899 oder 999 Euro und damit dann so viel wie ein MacBook-Air-Notebook oder zwei iPads.

Was Sie sonst noch brauchen

Das wichtigste Zubehör für ein iPhone ist ein Mobilfunkvertrag mit Datenoption. Die meisten Anbieter verkaufen Ihnen eine so genannte Flatrate. Der Begriff Flatrate bezeichnet eigentlich einen Tarif, bei dem unabhängig vom Verbrauch (Daten. SMS, Telefonate...) immer dieselbe Gebühr berechnet wird. In diesem Sinn bekommen Sie heute fast nirgends mehr eine echte Flatrate.

Stattdessen verkauft man Ihnen ein monatliches Datenbudget von 500 Megabyte oder einem oder zwei Gigabyte. Wenn das aufgebraucht ist, drosselt der Anbieter die Datenleitung auf Schneckentempo. Wenn Sie Ihr Smartphone regelmäßig unterwegs nutzen, sollten Sie darauf achten, dass Ihr Datenvolumen wenigstens 2 Gigabyte beträgt.

Sie können sich ja mal ansehen, mit welchen Übertragungsgeschwindigkeiten Telekom, Vodafone oder O2 werben. Bei 50 Megabit pro Sekunde wären 2 Gigabyte (das sind 16.000 Megabit) bereits in guten fünf Minuten leer gesurft. Wenn Sie bloß E-Mails schreiben oder per WhatsApp kommunizieren, werden Sie mit den 2 Gigabyte garantiert den ganzen Monat durchhalten, aber falls Sie etwa im Zug YouTube-Filme anschauen, ist Ihr Konto schneller leer, als Ihnen lieb sein kann. Wenn Sie zu Hause per WLAN im Netz surfen, werden die Daten nicht auf Ihr monatliches Paket angerechnet.

Was Sie ansonsten benötigen, hängt von Ihren Angewohnheiten ab. Viele Nutzer legen sich iPhone-Hüllen zu, die ab 5 Euro zu haben sind. Diese schützen Gerät und Bildschirm vor Kratzern. Das ist besonders wichtig, wenn Sie Ihr iPhone zusammen mit dem Schlüsselbund in der Hosentasche transportieren (was beim iPhone 6 plus schon kompliziert wird).

Laden können Sie Ihr iPhone an jeder USB-Buchse, also auch am Computer. Wenn Sie flexibler sein wollen, besorgen Sie sich ein zusätzliches Netzteil. Solange dieses eine USB-Buchse besitzt, können Sie nichts falsch machen. Je mehr Leistung das Netzteil liefert, desto schneller lädt ihr Handy. Das iPhone entnimmt aber nie mehr Leistung, als es braucht – es wird bei einem überdimensionierten Netzteil also nicht durchschmoren. Bei einem unterdimensionierten Netzteil braucht das iPhone entsprechend länger, bis der Akku voll ist.

Ansonsten zeigt ein Streifzug durch Elektronik-Discounter oder Apple Store, welche Berge an sinnvollem oder zweckfreiem Zubehör Dritthersteller inzwischen liefern. Achten Sie darauf, dass das Gerät Ihrer Wahl einen Lightning-Anschluss besitzt. Meist ist auch auf der Packung eine Angabe zu finden, ob das Gerät mit Ihrem iPhone-Modell kompatibel ist.

iPhone 6 für iPhone-Erfahrene

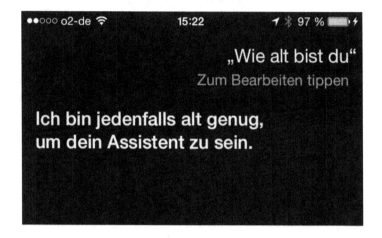

Mal abgesehen von der Größe des Bildschirms – woran müssen sich Umsteiger von früheren iPhones vor allem gewöhnen? Das neue Betriebssystem iOS 8 unterscheidet sich optisch nur wenig vom Vorgänger. Die Veränderungen stecken vor allem unter der Haube, also im System selbst, aber auch in den beliebtesten Apps.

Neue Systemfunktionen

In allen Apps steht eine verbesserte Tastatur bereit. Sie soll deutlich schlauere Vorschläge unterbreiten, die sich zum Beispiel danach richten, mit wem Sie gerade kommunizieren, mit welcher App Sie arbeiten und was QuickType als Ihre Lieblingssätze erkannt hat. Außerdem ist es nun möglich, auch virtuelle Tastaturen von Drittanbietern einzubinden.

Zeigten Apps bisher nur durch kleine Zahlensysmbole und etwas Text, dass etwas Neues passiert ist, können Sie auf solche Push-Nachrichten nun auch direkt reagieren, etwa einen Terminvorschlag annehmen oder einen Facebook-Post liken, ohne die zugehörige App starten zu müssen.

Wie bisher dient ein Doppelklick auf den Homebutton dazu, eine Liste aktuell laufender Apps aufzurufen. Gleichzeitig erscheint nun eine Liste der fünf Personen, mit denen Sie sich zuletzt ausgetauscht haben. Tippen Sie einfach darauf, um sie auf irgendeine Art zu kontaktieren.

Die Suchfunktion Spotlight (Aufruf durch Wischen nach unten aus der Programmübersicht oder über Siri) kennt nun deutlich mehr Datenquellen. Sie fahndet etwa in der Wikipedia, in Maps oder in den Apple-Stores.

Die Assistentin Siri kann auf dem iPhone 6 auch Musikstücke erkennen, Sie brauchen also die App Shazam nicht mehr.

Mit der Familienfreigabe erleichtert Apple die Nutzung mehrerer iPhones innerhalb einer Familie. Bisher musste man alle Geräte auf dieselbe Apple-ID einrichten, um Apps, Musik oder eBooks nicht doppelt und dreifach bezahlen zu müssen. Nun lassen sich bis zu sechs Apple-IDs einer Familie zuordnen, die für alle digitalen Inhalte nur einmal zahlen muss. Eltern können ihren Kindern dabei vorschreiben, zum Download kostenpflichtiger Inhalte um Genehmigung bitten zu müssen.

Gleichzeitig lassen sich Kalender und Foto-Streams aller Familienmitglieder teilen. Schließlich funktioniert »Mein iPhone suchen« nun auch übergreifend für alle iPhones der Familie.

Mit der »Handoff«-Funktion lässt sich am Mac begonnene Arbeit auf dem iPhone fortsetzen – wenn entsprechende Apps dies unterstützen. Derzeit funktioniert das Feature für die Apps Mail, Safari, Pages, Numbers, Keynote, Karten, Nachrichten, Erinnerungen, Kalender und Kontakte. Voraussetzung ist allerdings eingeschalteter Bluetooth-Funk, zudem müssen alle

Matthias Matting

Geräte unter demselben Apple-Account laufen, Mac-Computer brauchen OS X 10.10. Per Handoff übergebene Arbeitsvorgänge sehen Sie, wenn Sie den Homebutton doppelt klicken und die Programmliste nach links scrollen. Übergeben lassen sich so sogar Telefonate, sofern sich die Geräte im selben WLAN befinden. Das iPhone spielt dann nur noch den Vermittler.

Auf Ihren Speicherplatz in Apple Cloud-Dienst iCloud können Sie über iCloud Drive ab sofort auch von vielen anderen Geräten (inklusive Windows-Rechnern) zugreifen. Leider gibt es für das iPhone selbst nach wie vor keine App, die alle Daten in der iCloud übersichtlich anzeigt. Zu sehen bekommen Sie die Ordnerstruktur der iCloud nur beim Öffnen von Dokumenten innerhalb einer App, wenn Sie zuvor in den Einstellungen *iCloud Drive* aktiviert haben. Aber Vorsicht: nur mit iOS 8 kann man auf iCloud Drive zugreifen. Wenn Sie ältere Geräte besitzen, müssen Sie deshalb wohl darauf verzichten.

Nachrichten-App

Am deutlichsten hat Apple wohl die Nachrichten-App aufgepeppt, die sich um SMS und iMessages kümmert. Das war angesichts der Konkurrenz von WhatsApp, Facebook Messenger und anderen dringend nötig.

Obwohl es sich viele Fans anders gewünscht hatten, bleibt Apple bei einer wesentlichen Einschränkung: Die kostenlosen iMessages kann man nach wie vor nur mit anderen Apple-Nutzern austauschen. Also entweder verstoßen Sie alle Nicht-Apple-Besitzer aus Ihrem Freundeskreis, oder Sie installieren zusätzlich auch noch einen anderen Instant Messenger.

Ein wichtiges neues Feature sind die Audio-Kurznachrichten.

Damit lässt sich das Smartphone wie ein Walkie-Talkie benutzen, zumindest wenn beide Gesprächspartner mit iOS 8 arbeiten. Der Clou besteht nämlich darin, dass man beim Empfang einer Audio-Kurznachricht unter iOS 8 nicht mehr tippen muss, um diese abzuspielen. Stattdessen hält man das Handy einfach ans Ohr. Wiederholt man diese Bewegung, nimmt die Nachrichten-App eine Antwort auf. Dieses Spiel kann man beliebig oft wiederholen.

Das Versenden von Fotos in der Nachrichten-App ist nun ebenfalls komfortabler, weil man gleich mehrere Bilder auswählen kann – was bei der Konkurrenz schon lange Standard ist. Tippt man länger auf den Foto-Button, nimmt die Frontkamera sofort ein Bild oder Video auf. So entsteht bequem ein kleiner Video-Chat.

Werfen Sie auch mal einen Blick auf den »*Details*«-Reiter. Dort können Sie nun bequemer all Ihre bisher an einen Chatpartner versandten Anhänge durchscrollen. Wenn ausgerechnet dieser Chat Sie gerade nervt, aktivieren Sie einfach gesprächsspezifisch die »Nicht stören«-Funktion.

Video- und Audio-Kurznachrichten löscht das System übrigens nach zwei Minuten automatisch, um Platz zu sparen. Das können Sie manuell über den »Behalten«-Knopf verhindern – oder Sie schalten die Funktion im Einstellungsmenü gleich ganz aus.

Nachrichten können Sie nun auch im Sperrbildschirm lesen und beantworten.

Foto- und Kamera-App

Das iPhone ist für viele Nutzer längst zum Kamera-Ersatz geworden. Das will Apple in der neuen Version der Foto-App natürlich gern ausbauen.

Matthias Matting

Wer sein komplettes Leben in Bildern auf dem iPhone verwaltet, braucht vor allem Übersicht. Das soll die stark verbesserte Suchfunktion der Foto-App garantieren. Sie unterbreitet auch schlaue Suchvorschläge, die etwa auf dem Ort oder der Zeit basieren.

Erweitert wurden die Funktionen zur Bildbearbeitung. »Intelligente Composition« dient zum bequemen Beschneiden und Geradestellen eines Fotos. »Intelligente Anpassung« hingegen korrigiert Belichtung und Farben. Erstmals können auch Drittanbieter Fotofilter hinzufügen.

Die Kamera-App hat als neuen Fotomodus den Zeitraffer erlernt. In diesem Modus nimmt die Kamera in bestimmten Abständen einzelne Frames auf, die dann zu einem Video zusammengesetzt werden. Dazu sollte man das iPhone auf einer stabilen Unterlage platzieren.

Selfie-Fans profitieren vom neuen Selbstauslöser, der nach drei oder nach zehn Sekunden aktiv wird.

Internet: Safari und Mail

Der Webbrowser Safari hat auf dem iPhone 6 die wenigsten Neuerungen erfahren. Wenn eine Website Sie in den Appstore bringen will, müssen Sie dies in Zukunft zum Beispiel erst bestätigen.

In der E-Mail-App Mail wurde das Kopieren von Textabschnitten aus anderen Nachrichten vereinfacht: Sie können eine E-Mail, an der Sie gerade arbeiten, nun minimieren, Text aus einer anderen Mail kopieren und dann in Ihre aktuelle Nachricht einfügen.

Erkennt die Software in einer eingegangen E-Mail einen Termin oder eine Telefonnummer, bekommen Sie die Option, diese in die entsprechende App aufzunehmen.

Nachrichten lassen sich nun auch mit Streichgesten markieren: streichen Sie von links nach rechts, wird die E-Mail als gelesen markiert, andersherum wird sie gelöscht (dabei stehen auch andere Möglichkeiten zur Verfügung, im Einstellungsmenü können Sie Ihre Lieblingsoption auswählen). Praktisch ist hier die »Mitteilung«: Sie erhalten eine Nachricht, falls jemand auf die derart markierte Mail antwortet.

Wetter

Die Wetter-App, so simpel sie ist, stellt doch eine der meistgenutzten Apps dar. Hier verlängern sich die Detail-Prognose von 13 auf 24 Stunden und die Mehrtages-Prognose von fünf auf neun Tage. Als neue Werte kommen Sonnenauf- und untergang, UV-Index, Luftdruck, Sichtweite und eine Vorhersage in Textform hinzu.

Facetime

Mit dem Videotelefonie-Programm Facetime können Sie nun auch Konferenzen abhalten – allerdings nur im Audiomodus, also ohne Videoübertragung. Und natürlich müssen alle Konferenzteilnehmer ein Apple-Gerät besitzen.

Kalender

Die Kalender-App hat unter anderem neue Wiederholungs-Modi erlernt. Bei gemeinsam genutzten Kalendern macht sie nun auf Terminkonflikte einzelner Teilnehmer aufmerksam.

Matthias Matting

Neue Apps

Nicht wirklich neu, aber ab sofort stets vorinstalliert sind die iBooks- und die Podcast-App. Die »Tipps«-App macht Sie auf neue Funktionen Ihres Smartphones aufmerksam. Sie soll Apple-seitig regelmäßig aktualisiert werden. Die »Gesundheit«-App dient künftig als Sammelzentrale für Gesundheits-Informationen, mit der externe Geräte (etwa die Apple-Watch) zusammenarbeiten sollen.

iPhone 6 für Android-Umsteiger

Sie haben bisher ein Android-Handy besessen und steigen nun in die Apple-Welt ein? Willkommen! Sie werden sich an ein paar Besonderheiten des neuen Systems gewöhnen müssen. Im Austausch dafür entdecken Sie an mancher Stelle Komfort und Bequemlichkeit, die Android so bisher noch nicht bieten kann.

Die Voraussetzungen

Vermutlich war Ihr Android-Handy (wenn es sich nicht gerade um ein HTC One oder ein Moto X handelte) noch mit einer Micro-SIM-Karte ausgestattet. Dieses Format ist dem iPhone zu groß. Sie brauchen eine Nano-SIM. Diese können Sie selbst aus Ihrer SIM-Karte ausschneiden (Vorsicht!), aber besser ist es, Sie lassen das im Telefonladen Ihres Providers erledigen.

Zweite Voraussetzung ist eine Apple-ID. Werfen Sie Ihren

Google-Account nicht weg, auch den können Sie auf Ihrem neuen iPhone noch verwenden. Aber nur mit Apple-ID lässt sich das iPhone überhaupt einrichten. Die Apple-ID bekommen Sie kostenlos bei Apple: https://appleid.apple.com/de/.

Voraussetzung Nummer 3 ist ein Programm, das auch Apple-Fans nicht unbedingt lieben. Ja, neuerdings lassen sich iPhones auch ohne die Software iTunes verwenden, aber Sie büßen dabei doch einigen Komfort ein. Sie können die Fotos der Kamera zum Beispiel sonst nicht auf Ihren Computer kopieren, sondern müssen Sie über den Netzspeicher iCloud transferieren. Laden Sie also die aktuellste iTunes-Version von http://www.apple.com/de/itunes/download/. iTunes gibt es für Windows und MacOS, aber nicht für Linux.

Gewohntes behalten?

Google hat viele der eigenen Apps auch auf iOS umgesetzt. Google Mail, Maps, Chrome, Google+, YouTube und Hangouts laufen auf dem Apple-Smartphone. Diese greifen auch auf die bei Google gesicherten Online-Daten zurück. Doch auch Apples Mail- und Kalenderapp können Google-Konten nutzen.

Die meisten Ihrer Daten bekommen Sie über die Zwischenstation PC auf Ihr neues iPhone. Synchronisieren Sie Ihr Android-Handy mit dem Rechner und lassen Sie dann iTunes mit dem iPhone arbeiten. So sichern Sie auf jeden Fall Musik, Filme, Fotos, Kontakte, E-Mails.

Problematisch sind kopiergeschützte Musik (die müssten sie erst entschützen – was illegal ist), Apps (die sind systemspezifisch), SMS (die Nachrichten-App des iPhone besitzt keine Importfunktion) und kopiergeschützte eBooks (Apple setzt auf einen anderen Kopierschutz – es gibt aber auch ePub-kompatible Lese-Apps für iOS).

Mit dem kostenpflichtigen Programm Wondershare Mobiletransfer können Sie übrigens alle Daten direkt von Handy zu Handy kopieren (inklusive SMS). Die Software gibt es für Windows und MacOS, sie kostet 18 Euro.

Eine kostenlose Alternative dazu ist »Copy My Data«. Diese App müssen Sie auf beide Handys laden, einmal aus Apples Appstore, zum anderen aus dem Play Store. Die beiden Kopien kommunizieren dann über das WLAN miteinander und tauschen Daten aus (Kalender, Kontakte, Fotos und Videos). Apple hat extra eine Seite angelegt (derzeit noch in Englisch), auf der das korrekte Vorgehen beschrieben ist (http://support.apple.com/kb/HT6407?viewlocale=de_DE&locale=de_DE)

Die von Android bekannten Widgets gibt es unter iOS nicht. Die Programmübersicht (erscheint durch Tippen auf den Homebutton) besteht aus einer Anzahl von Bildschirmen, auf denen Sie die Programm-Icons platzieren können. Dazu tippen Sie einfach länger auf irgendein Icon. Schieben Sie Icons auf diese Weise übereinander, erzeugen Sie automatisch Ordner.

Die Hintergründe von Programm- und Sperrbildschirm können Sie im Einstellungsmenü ändern. Der Sperrbildschirm erlaubt Zugriff etwa auf die Kamera (dazu das Symbol nach oben schieben). Als Entsperrmöglichkeiten sieht Apple die Codesperre und den Fingerabdruck vor, weitere Möglichkeiten gibt es nicht.

Unter iOS gibt es das so genannte Kontrollzentrum, das Sie durch einen Wisch vom unteren Bildschirmrand nach oben aufrufen. Es hat bei Android keine echte Entsprechung und lässt sie manche Funktionen schneller aufrufen. Das

Nachrichtenzentrum erreichen Sie wie gewohnt, indem Sie im Home-Bildschirm vom oberen Rand nach unten wischen.

Die Liste der aktuell laufenden Programme rufen Sie auf Ihrem neuen iPhone durch Doppelklick des Home-Buttons auf. Wenn Sie eine App beenden wollen, wischen Sie ihre Voransicht nach oben aus dem Fenster heraus.

Die Grundlagen

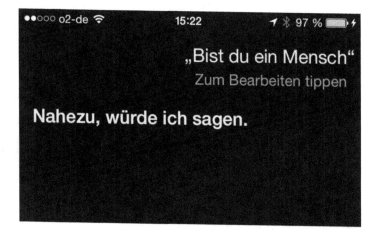

Willkommen, Sie halten also tatsächlich Ihr neues iPhone in der Hand. Wenn es nicht Ihr erstes ist, wissen Sie, was nun passiert. Nämlich nicht viel: Die Einrichtung eines iPhones läuft in nur wenigen Schritten ab.

Ersteinrichtung

Betrachten Sie zunächst, was sich in der Packung befindet. Ganz zuoberst liegt natürlich das Telefon selbst. Der abgerundete Bildschirm glänzt tiefschwarz. Nehmen Sie das Handy heraus und entfernen Sie die Folie.

Darunter kommen zum Vorschein: eine durchsichtige Schachtel mit Ohrhörern (in der Mitte erkennen Sie die Lautstärkeregelung), daneben ein flaches Netzteil und schließlich ein USB-Kabel. Der breite Stecker des Kabels (»USB-Stecker«) passt genau in die Buchse des Netzteils, der kleine, dünne

Stecker (»Lightning-Stecker«) findet sein Gegenstück an der Unterseite des iPhones.

Alternativ können Sie den breiten Stecker auch mit der passenden Buchse jedes Computers verwenden. Darüber bezieht das iPhone dann nicht nur Strom, sondern auch Daten.

Betrachten Sie nun erst einmal das Gerät. Über dem Bildschirm sehen Sie einen Lautsprecherschlitz. Unter dem Bildschirm erkennen Sie den Homebutton. An der rechten Gehäuseseite liegt der Einschaltknopf. Die Tasten an der linken Seite steuern die Lautstärke. Darüber sitzt eine kleinere Taste, die das Gerät stumm schaltet. An der unteren Seite liegt links die runde Klinkenbuchse für Kopf- und Ohrhörer, in der Mitte die Lightning-Buchse. An der Rückseite, leicht erhaben, finden Sie oben die Kamera, daneben den LED-Blitz.

Jetzt benötigen Sie das metallene Spezialwerkzeug, das Sie in dem »Briefumschlag« finden, den Apple direkt unter dem iPhone in die Packung gelegt hat. An der rechten Seite des iPhone 6 sehen Sie etwa in der Mitte ein kleines Loch. Drücken Sie mit der Spitze des Werkzeugs genau in dieses Loch. Sie müssen dazu etwas Kraft aufwenden, dann wird sich ein kleiner Metallschlitten aus dem Gehäuse bewegen.

In diesen Schlitten legen Sie nun Ihre Nano-SIM-Karte ein, und zwar mit der goldenen Kontaktfläche nach unten (das Loch in der Leiste vorn ist dabei unten). Berühren Sie die goldene Fläche dabei möglichst wenig. Die SIM-Karte sollte genau in die Öffnung des Schlittens passen. Die Oberfläche der SIM-Karte muss auf einer Ebene mit der Metalloberfläche liegen. Wenn das der Fall ist, schieben Sie den Schlitten samt SIM-Karte wieder in den Schlitz, bis er einrastet. Passt die SIM-Karte nicht, wenden Sie auf keinen Fall Gewalt an. Vielleicht haben Sie ja doch keine Nano-SIM, oder der Händler hat beim Beschneiden der Karte Fehler gemacht.

Jetzt schalten Sie das Handy über die Einschalttaste am rechten Gehäuserand ein. Es erscheint zunächst ein Apple-Logo, danach die Aufforderung »*Zum Konfigurieren streichen*« in vielen Sprachen. Tun Sie dem iPhone diesen Gefallen und wählen Sie dann als Sprache »*Deutsch*«. Tippen Sie anschließend auf »*Deutschland*« (es sei denn, Sie befinden sich in Österreich oder der Schweiz, klar...).

Wählen Sie nun Ihr WLAN aus. Das iPhone macht ein paar Vorschläge. Tippen Sie auf den Namen Ihres WLANs, geben Sie das Kennwort ein und tippen Sie auf »*Verbinden*«. Falls Sie kein WLAN besitzen, müssen Sie weiter unten tippen, bei »*Mobiles Netzwerk verwenden*«. Nach ein paar Sekunden bittet das iPhone um Erlaubnis, Ortungsdienste verwenden zu dürfen. Danach können Sie Daten Ihres alten iPhones einpflegen (»Aus ... Backup wiederherstellen«) oder ganz neu anfangen (»Als neues iPhone konfigurieren«). Je nachdem, welche Option Sie gewählt haben, dauert der Abschluss dieses Prozesses etwas länger.

Wenn das iPhone neu gestartet ist, stellt es Ihnen noch diverse Fragen. Wann immer möglich, verschieben Sie die Antwort mit »Überspringen« oder »Jetzt nicht« auf später. Wir werden im Rahmen des Einstellungs-Menüs alle Möglichkeiten durchgehen. Beim Anzeigezoom wählen Sie unbedingt die Standard-Ansicht (sonst hätten Sie sich ja auch gleich ein iPhone 5s kaufen können).

Schlussendlich sollten Sie den Homescreen des Geräts vor sich sehen. Damit sind Sie aber noch nicht am Ende der Konfiguration angelangt – auch wenn das iPhone nun schon nutzbar ist. Wenn Sie also gerade wenig Zeit haben, können Sie den Prozess auch später durchlaufen.

Bevor wir das neue iPhone weiter einrichten, muss ich absolute Smartphone-Einsteiger mit der Berührungs-Steuerung vertraut machen.

Ihr Finger ist das wichtigste Hilfsmittel beim Umgang mit dem Handy. Er lässt sich nicht durch einen Stift ersetzen, es sei denn durch einen Spezialstift für Touch-Displays (kostet etwa zehn Euro). Oder durch ein Wiener Würstchen. Ernsthaft: der Bildschirm misst die elektrische Kapazität der ihn berührenden Oberfläche. Und die ist bei Fingern, Würstchen, Spezialstiften oder Spezialhandschuhen ähnlich groß.

Wenn Sie mit dem Finger etwas antippen, etwa ein Menü oder ein Symbol (Icon), bewirken Sie damit eine Aktion. Halten Sie den Finger länger auf ein Objekt auf dem Bildschirm, lässt sich dieses oft verschieben. Streichen Sie mit dem Finger nach links oder rechts, lösen Sie eine andere Aktion aus. Das kann ein Blättern sein (etwa im Homescreen), aber auch ein Löschen oder Markieren.

　　　　　　　　　　　　　　　　　　Matthias Matting

Mit zwei Fingern können Sie Objekte verkleinern und vergrößern (zoomen). Halten Sie beide Fingerspitzen auf dem Bildschirm und ziehen Sie sie auseinander – der Objekt wird größer. Ziehen Sie die Finger zusammen, schrumpft das Objekt.

Jetzt probieren Sie mal, mit drei Fingern gleichzeitig auf den Bildschirm zu tippen. Das funktioniert in jeder App. Der Bildschirm wird vergrößert dargestellt. Erneutes Tippen bringt alles wieder auf Normalmaß.

Grundlagen der Bedienung

Legen Sie Ihr neues Smartphone nun so vor sich hin, dass der große, runde Knopf unter dem Display unten ist. Das ist die Normal-Position des iPhone 6. Der Homescreen, den Sie nun vor sich haben, kennt beim iPhone 6 plus allerdings nicht nur diese Position: Dort lässt er sich auch im Querformat betrachten. Das ist etwas Gewöhnungsfrage – ich habe den Homebutton gern unten.

Der Homebutton führt Sie stets wieder in den Homescreen zurück (dazu einfach den Knopf drücken). Er hat aber noch mehr Funktionen. Zum einen versteckt sich darin der Fingerabdruck-Sensor (dazu später mehr).

Ein Doppelklick bringt eine Liste der aktuell laufenden Programme auf den Bildschirm (die Taskliste). Darin blättern Sie, indem Sie mit dem Finger nach links oder rechts wischen. Eines dieser Programme können Sie nun beenden, indem Sie den Vorschaubildschirm nach oben wischen. Über der Taskliste finden Sie eine weitere Liste, in der Ihre Kontakte zu finden sind. Darüber können Sie mal eben schnell einen Anruf starten oder eine SMS schreiben.

Wenn Sie dem Homebutton länger drücken, meldet sich die Stimme eines iPhone-Geistes und fragt nach Ihrem Begehr. Der Geist heißt Siri, ist je nach Wunsch weiblich oder männlich und erfüllt all ihre Befehle, sofern ihm Apple beigebracht hat, was Sie meinen. Siri ist auch für ein paar lustige Dialoge gut – siehe dazu das eigene Kapitel über Siri.

Durch Klick auf den Homebutton kehren Sie zum Homescreen zurück. Dieser besitzt so viele Seiten, wie nötig sind, um alle Programmsymbole unterzubringen. Dabei bleibt die unterste Reihe stets an Ort und Stelle, während Sie durch Wischen durch die oberen Reihen blättern können.

Auf dem iPhone 6 plus bewirkt ein doppeltes Antippen (nicht klicken) des Homebuttons, dass der oberste Teil des Bildschirms nach unten rutscht. So bleibt trotz des großen Displays das Gerät noch bedienbar.

Die Position eines Icons auf dem Homescreen lässt sich leicht verändern. Das ist praktisch, weil Sie natürlich Ihre Lieblings-Apps auf der ersten Seite haben möchten. Tippen Sie dazu länger auf ein beliebiges Symbol. Nach drei Sekunden fangen alle Icons an zu zittern. Das ist das Signal, dass Sie nun verschiebbar sind. Tippen Sie auf ein Symbol, halten Sie es fest und schieben Sie es an den gewünschten Platz. Um auf eine andere Seite zu gelangen, müssen Sie an den Seitenrand manövrieren, bis das Gerät die Seite wechselt. Sie können auch die Icons in der unteren, festen Leiste ersetzen.

Icons, die an der linken oberen Ecke ein »x« zeigen, können Sie auch löschen. Dabei wird die entsprechende App vom iPhone entfernt, inklusive aller auf dem Gerät gespeicherten Daten.

Matthias Matting

Manche Apps haben aber kein »x«. Dabei handelt es sich um Apples Standard-Apps. Für sie untersagt Apple das Löschen. Sie können die Symbole, falls Sie sie nicht brauchen, aber verstecken. Dazu ziehen Sie eins der Icons einfach über ein anderes. Das iPhone erzeugt einen Ordner, dessen Namen Sie ändern können. So brauchen alle für Sie unnützen Apps zumindest nur noch einen Platz auf dem Bildschirm.

Ordner sind aber auch in anderer Hinsicht hilfreich – Sie schaffen Ordnung, darum heißen sie wohl auch so... Wenn Sie zu den App-Süchtigen gehören, haben Sie irgendwann so viele Icons auf dem Schirm, dass Sie lange brauchen, das Gewünschte zu finden. Spätestens dann ist es an der Zeit, Spiele in den Spiele-Ordner zu packen, Wetter-Apps in den Wetter-Ordner, Foto-Apps in den Foto-Ordner...

Auch an der rechten oberen Ecke eines Icons kann etwas passieren: Dort erscheinen manchmal rote Kreise mit weißen Ziffern. Die hinter dem Symbol steckende App hat dann Neuigkeiten für Sie. Was passiert ist, erfahren Sie, wenn Sie die App öffnen.

Zwei weitere Aktionen kann ich Ihnen nicht vorenthalten, die im Homescreen wie auch in jeder App möglich sind: Wischen Sie mit dem Finger vom unteren Bildschirmrand in die Mitte, um das Schnellzugriffs-Menü (das Kontrollzentrum) aufzurufen. Hier können Sie WLAN oder Bluetooth ein- und ausschalten, den »Nicht stören«- oder den Flug-Modus aktivieren, Bildschirmhelligkeit und Musik steuern sowie Taschenlampe, Stoppuhr, Rechner und Kamera aufrufen.

Wenn Sie mit dem Finger jedoch vom oberen Rand nach unten wischen, dann erscheint die Nachrichtenzentrale. In zwei Reitern für »Heute« und »Mitteilungen« finden Sie Meldungen einiger Apps, etwa des Kalenders, der Wetter- oder der Nachrichten-App. Wenn Sie auf eine der Mitteilungen tippen, landen Sie direkt in der passenden App.

Was genau in der Nachrichtenzentrale erscheint, können Sie im Einstellungs-Menü festlegen. Das ist denn auch der nächste Bereich, den wir erforschen wollen, jedenfalls nachdem wir uns um etwas gekümmert haben, was Sie bei der Ersteinrichtung bereits genutzt haben: die Tastatur.

Die Tastatur erscheint, wann immer eine Texteingabe nötig ist. Falls dabei nur Zahlen in Frage kommen, erscheint eine Minimalversion der Tastatur, ansonsten die Schreibmaschinen-Variante mit QWERTZ-Anordnung. Wenn Sie das iPhone quer halten, schalten viele Apps auf das Querformat um. Das erleichtert es, die Buchstabenfelder zu treffen.

Tippen Sie nun auf einen Buchstaben, um ihn einzugeben. Die Umlaute haben eigene Tasten, doch für »ß« (und Laute anderer Sprachen) müssen Sie länger auf den Basis-Buchstaben tippen (hier das »s«) und dann schräg nach oben mit dem Finger auf das gewünschte Zeichen fahren.

In der Zeile oberhalb der Tastatur schreibt das iPhone nun mit und unterbreitet dabei Vorschläge, welchen Begriff Sie gemeint haben könnten. Apple nennt diese Vorhersage »QuickType«. Mit der Zeit wird sie immer genauer und orientiert sich dabei sowohl an Ihrem persönlichen Schreuibstil als auch am Umfeld des Textes (Empfänger beziehungsweise App). Wenn Sie einen der Vorschläge verwenden wollen, tippen Sie einfach darauf.

An dieser Stelle können Sie übrigens ein lustiges Spiel spielen: Geben Sie irgendein Wort ein. QuickType unterbreitet nun Vorschläge für das nächste Wort. Wählen Sie immer den

Matthias Matting

Vorschlag ganz links und bauen Sie so Schritt für Schritt einen Satz auf. Mich haben die Ergebnisse sehr an manche Politiker-Reden erinnert...

Doch zurück zum Ernst des Lebens. Über die Umschalt-Taste erreichen Sie die Großbuchstaben. Drücken Sie die Umschalt-Taste zweimal kurz hintereinander, aktivieren Sie die Feststell-Taste: Alle kommenden Zeichen erscheinen groß. »123« bringt Sie zu Ziffern und Satzzeichen. Der Smiley öffnet eine Emoticon-Tastatur, die selbst wieder mehrere Auswahlebenen besitzt.

Die Leertaste erzeugt normalerweise ein Leerzeichen. Drücken Sie sie zweimal hintereinander, beendet sie den Satz mit einem Punkt und einem Leerzeichen. Nach einem Punkt schreibt das System generell groß weiter. All diese Verhaltensweisen können Sie im Einstellungs-Menü ändern, und deshalb ist es nun wirklich an der Zeit, dort vorbeizuschauen.

Bei aktivierter Siri-Assistenz sehen Sie gleich neben der Leertaste ein Mikrofon. Darüber können Sie Text auch per Spracheingabe verfassen. Wenn Sie Ihren Text fertig gesprochen haben, müssen Sie auf »Fertig« tippen.

Mit der neuesten Version von iOS ist auf dem iPhone nun auch die Verwendung von Dritthersteller-Tastaturen möglich. Hier empfiehlt sich besonders ein Blick auf Swype (im Appstore erhältlich). Bei Swype setzen Sie mit dem Finger am ersten Buchstaben eines Wortes an und fahren dann Schritt für Schritt alle anderen Buchstaben ab, ohne den Finger vom Bildschirm zu heben. Auf diese Weise erreichen manche Nutzer ein beachtliches Schreibtempo. Dass Sie auch mal falsche Buchstaben erwischen, ist normal und kein Problem, weil die Software erkennt, was Sie eigentlich schreiben wollten.

Das Einstellungs-Menü

Das iPhone 6 lässt sich in vielerlei Hinsicht an Ihre persönlichen Bedürfnisse anpassen. Zwar ist die Android-Konkurrenz, was die Vielzahl von Einstellungs-Menüs betrifft, noch immer weit voraus (sodass Samsung letztens sogar eine Suchfunktion nur für dieses Menü eingeführt hat), doch auch mit der Konfiguration von iOS können Sie inzwischen viel Zeit verbringen.

Erreichen können Sie das Einstellungs-Menü über das Icon mit dem Zahnrad. Einen schnelleren Weg gibt es nicht. Sie sollten also überlegen, ob Sie das Icon nicht auf die feststehende Leiste am unteren Rand verschieben.

Das Einstellungs-Menü besitzt mindestens 32 Untermenüs. Manche bestehen nur aus ein oder zwei Optionen, andere haben selbst wieder 30 Unterebenen. Außerdem fügen Apps von Drittanbietern oft noch eigene Einstellungs-Optionen hinzu. Es gibt also einiges zu erforschen.

Flugmodus
Aktiviert den Flugmodus, bei dem alle Funknetze ausgeschaltet sind.

WLAN
Zur Einbindung in ein WLAN-Netz, über das Ihr iPhone Internet empfängt. Tippen Sie auf den Namen eines Netzwerks, um sich daran anzumelden. Wenn Sie nicht dauernd von Meldungen über neue Funknetze genervt werden wollen, deaktivieren Sie »Auf Netze hinweisen«.

Bluetooth
Zur Funk-Verbindung mit externen Zusatzgeräten, etwa Headsets, Tastaturen oder Lautsprechern. Wenn nicht benötigt,

Matthias Matting

●●○○○ o2-de 📶 ◌   11:54   ⚹ 93 % 🔋 ⚡

Einstellungen

✈️ Flugmodus ⚪

📶 WLAN UB51 >

⚹ Bluetooth Ein >

📡 Mobiles Netz >

🔁 Persönlicher Hotspot Aus >

📞 Netzbetreiber o2 - de >

📱 Mitteilungen >

🎚️ Kontrollzentrum >

🌙 Nicht stören >

⚙️ Allgemein >

🅰️ Anzeige & Helligkeit >

sollten Sie Bluetooth stets ausschalten, das spart Akku-Kapazität und ist auch aus Sicherheitsgründen sinnvoll. Wenn sich Bluetooth-Geräte im näheren Umkreis (Reichweite: bis zu 10 Meter) befinden, können Sie diese in der Liste »Andere Geräte« finden und einbinden.

Mobiles Netz

Diesen Menüpunkt brauchen Sie vor allem, wenn Sie unterwegs sind. Besonders, wenn Sie kein großes Datenpaket gebucht haben oder ins Ausland reisen, sollten Sie hier genau regulieren, welche App was darf.

- Mobile Daten: Dieser Punkt muss stets aktiviert sein, wenn Sie unterwegs ins Internet möchten.LTE aktivieren: Der Mobilfunkstandard LTE beschleunigt die Datenübertragung, belastet aber auch den Akku stärker. Wenn Sie also gerade Strom sparen müssen oder es nicht eilig haben, deaktivieren Sie LTE.Datenroaming: Wenn Sie auch außerhalb Deutschlands das Internet nutzen wollen, müssen Sie diesen Punkt einschalten. Achtung – das kann teuer werden. Innerhalb der EU sind die Maximalkosten allerdings überschaubar: Hier dürfen Ihnen maximal 20 Cent pro Megabyte berechnet werden, und zwar bis zu einem Betrag von 59,50 Euro pro Monat. Das heißt auch, dass Sie insgesamt höchstens 300 Megabyte übertragen können. Ihre Daten-Flatrate aus Deutschland gilt im Ausland nicht.EU-Internet: Erlaubt das Datenroaming nur in den EU-Ländern, für die die oben genannt Beschränkung gilt.

- Mobiles Datennetzwerk: Hier brauchen Sie normalerweise nichts einzustellen.Persönlicher Hotspot: Sie haben nicht nur Ihr iPhone dabei, sondern auch ein Tablet oder einen

Computer? Mit dem persönlichen Hotspot verwandeln Sie Ihr iPhone in einen WLAN-Internetzugang für andere Geräte (auch eine Verbindung über Bluetooth oder USB ist möglich). Achtung, jeder, der Ihr Passwort kennt (s.u.), kann sich darin einloggen. Die übertragenen Daten aller Geräte werden auf Ihr Daten-Volumen angerechnet.

- WLAN-Passwort: Das Passwort für Ihren persönlichen Hotspot.
- Anrufe / Datennutzung: Eine Statistik für den aktuellen Monat.Mobile Daten verwenden: In dieser Liste können Sie jeder einzelnen App erlauben oder verbieten, Daten per Mobilfunk aus dem Internet zu laden. Das ist sehr praktisch: Es reicht ja, wenn etwa der Appstore zu Hause Verbindung mit dem Netz aufnimmt, während WhatsApp natürlich auch unterwegs hilfreich ist.

Persönlicher Hotspot
Siehe Mobiles Netz → Persönlicher Hotspot.

Netzbetreiber
In Grenznähe kann es sinnvoll sein, hier den eigenen Mobilfunkbetreiber auszuwählen, damit ein eventuell stärkerer ausländischer Provider nicht unerwünschte Kosten verursacht. Normalerweise reicht aber die Einstellung »Automatisch«.

Mitteilungen
Die Mitteilungszentrale (oder Nachrichtenzentrale) ist der Bildschirm, den Sie durch Wischen vom oberen Bildschirmrand aufrufen. In diesem Menü können Sie festlegen, welche App Ihnen dort welche Mitteilungen schicken darf. Dabei gibt es sehr feine Einstellungsoptionen.

- ⊶ Mitteilungen erlauben: Genehmigt der App grundsätzlich Mitteilungen.
- ⊶ In Mitteilungszentrale anzeigen: Wieviele Nachrichten
  dürfen hintereinander in der Liste erscheinen?
- ⊶ Im Sperrbildschirm: Wollen Sie die Mitteilungen auch
  im Sperrbildschirm sehen?
- ⊶ Erinnerungsstil: Auf dem Homescreen oder in Apps
  können die Meldungen gar nicht, als Banner (Streifen
  am oberen Bildschirmrand) oder als Hinweis (Fenster
  in Bildschirmmitte) erscheinen. Sie haben die Wahl!
  Hinweise sind etwas lästiger, weil stets eine Aktion von
  Ihnen gefordert ist.

Apps, denen Sie alle Mitteilungen verboten haben, erscheinen
am Ende der Liste in einem Bereich »Nicht anzeigen« – nur
für den Fall, dass Sie es sich anders überlegen.

Kontrollzentrum
Genehmigen Sie den Zugriff auf das Kontrollzentrum aus dem
Sperrbildschirm und aus Apps. Aus dem Homescreen ist es
immer durch Wischen von unten zugänglich.

Nicht stören
Dauernde Erreichbarkeit schadet nachgewiesenermaßen
der Gesundheit. Nutzen Sie den »Nicht stören«-Modus also
zu Ihrem eigenen Wohl... Anrufe werden dann auf stumm
geschaltet, keinerlei Mitteilung kommt zu Ihnen durch. Sie
können das iPhone aber immer noch benutzen. In der Sta-
tuszeile oben erscheint ein Mond.

- ⊶ Manuell: Schaltet »Nicht stören« an. Auch über das
  Kontrollzentrum erreichbar.

- ⦿ Geplant: Vergeben Sie feste Uhrzeiten für den »Nicht stören«-Modus.

- ⦿ Anrufe zulassen: Ihr Chef oder Ihr Partner soll Sie trotzdem noch erreichen? Geben Sie hier ein, wer durchgestellt werden soll.

- ⦿ Wiederholte Anrufe: Falls es jemand sehr einig hat und innerhalb von drei Minuten noch einmal anruft, wird er durchgestellt.

- ⦿ Stumm: Soll das Handy nur im Sperrzustand eingehende Anrufe verweigern oder auch entsperrt?

Allgemein

Hier hat Apple Optionen eingefügt, die wohl nirgends anders hinpassten.

- ⦿ Info: Hier können Sie unter anderem den Namen des iPhones ändern und Systeminformationen (Seriennummer, Kapazität...) abrufen.Softwareaktualisierung: Falls eine neue iOS-Version bereitsteht, findet Sie diese hier.

- ⦿ Siri: Aktiviert die Sprachassistentin Siri und stellt ihre Sprache und ihr Geschlecht ein. Außerdem können Sie Antworten auf die Nutzung einer Freisprecheinrichtung beschränken.

- ⦿ Spotlight-Suche: Welche Datenquellen soll die Stichwortsuche Spotlight benutzen?

- ⦿ Handoff & App-Vorschläge: Handoff ist eine neue Systemfunktion, mit deren Hilfe Sie am Computer begonnene Arbeiten am iPhone fortsetzen können. Voraussetzungen sind allerdings ein Rechner mit OS X 10.10 und eine dazu fähige App (Mail gehört dazu). App-Vorschläge gibt Ihnen ortsabhängige Tipps, welche Apps gerade empfehlenswert wären (etwa eine

München-App, wenn Sie zu Besuch nach München kommen).Bedienungshilfen: Ein breites Spektrum an Hilfen für Menschen, die in irgendeiner Art gehandicapt sind. Der Zoom ist dabei standardmäßig aktiviert. Wer Probleme mit der Farberkennung hat, kann auf Graustufen umschalten oder die Farben umkehren. Der Text lässt sich generell vergrößern, mit »Tastenformen« sind antippbare Bereiche besser erkennbar. Hörgeräte lassen sich direkt mit dem Handy verbinden. Auf Wunsch gibt der LED-Blitz ein Signal ab, wenn neue Mitteilungen eintreffen.

- **Benutzung:** Statistiken über die Nutzung von Akku, Speicher und Cloud-Speicher. Über »Speicher verwalten« sehen Sie auch, wieviel Platz sich einzelne Apps für ihre eigenen Daten reserviert haben.

- **Hintergrundaktualisierung:** Welche Apps dürfen Daten laden, während sie nicht aktiv sind? Wenn Sie von diesen Apps zeitnah Hinweise über neue Nachrichten erhalten wollen, sollten Sie ihnen die Aktualisierung im Hintergrund erlauben. Andererseits verkürzt dieses Feature die Akkulaufzeit, deshalb können Sie es bei niedrigem Akkustand auch ganz ausschalten.

- **Automatische Sperre:** Nach welcher Zeit ohne Eingabe soll sich der Bildschirm sperren?

- **Einschränkungen:** Eine Art Kinderschutz. Bestimmte Apps lassen sich dann nur noch nach Code-Eingabe nutzen. Sie können außerdem Altersfreigaben für Musik, Filme, TV-Sendungen, Bücher, Apps, Websites und sogar für Siri vergeben. Siri antwortet dann auf die Frage »Was ist Sch...« nicht mehr mit »Wenn ich könnte, würde ich jetzt rot werden«, sondern nur noch stumm mit »!«.

Außerdem hat Apple hier alle Datenschutz-Einstellungen versammelt, etwa für die Ortungsdienste, für Ihre Kontakte (welche Apps dürfen darauf zugreifen?), die Foto-App, Twitter- oder Facebook-Account.

- ⌖ **Datum & Uhrzeit:** Belassen Sie am besten auf der Automatik.
- ⌖ **Tastatur:** Wer auch manchmal in Englisch oder einer anderen Sprache tippt, kann an dieser Stelle weitere Tastaturen freischalten. Danach finden Sie in der untersten Zeile der Tastatur eine Weltkugel. Einmal darauf tippen, und die Tastatursprache wechselt. Aber nicht nur das: Auch die Text- und Korrekturvorschläge erfolgen nun in der anderen Sprache. Ein anderes nützliches Feature sind die Kurzbefehle: Aus »mfg« macht das iPhone auf Wunsch »mit freundlichen Grüßen«. Dazu müssen Sie jeden Kurzbefehl über das Plus-Symbol einzeln eingeben. Und schließlich können Sie due Funktionsweise der Tastatur ändern und Features wie die Großschreibung, Textvorschläge oder die Auto-Korrektur deaktivieren.
- ⌖ **Sprache & Region:** Passen Sie Ihr iPhone hier an Ihr Heimatland an. Normalerweise brauchen Sie an dieser Stelle gar nichts zu tun. Aber vielleicht sind Sie ja zweisprachig aufgewachsen oder trainieren gerade eine neu erlernte Sprache. Dann können Sie das Gerät auch auf diese einstellen, bis hin zum Kalender, der sich von »Gregorianisch« auf »Japanisch« oder »Buddhistisch« umstellen lässt. Die »bevorzugte Sprachreihenfolge« sagt Apps und Websites, in welchen Sprachen Sie den Umgang bevorzugen.iTunes-WLAN-Sync: Wenn Sie Ihr Handy statt über Kabel via WLAN mit dem

Computer synchronisieren wollen, müssen Sie dies einmalig bei bestehender Kabel-Verbindung so festlegen. Dazu sollten Sie allerdings ein schnelles WLAN besitzen.

VPN: Ein VPN (virtuelles privates Netz) benötigen Sie normalerweise nur im Firmenumfeld, wenn Sie sich etwa aus der Ferne mit dem Server Ihrer Firma verbinden wollen.Zurücksetzen: Wenn das iPhone mal nicht mehr so recht flüssig läuft, hilft manchmal ein Reset. Dabei können Sie den radikalen Weg (»Alle Einstellungen«) oder auch kleinere Alternativen wählen.

Anzeige & Helligkeit

Normalerweise funktioniert die automatische Helligkeitsregelung gut und stromsparend. Liegt sie aber mal daneben, schaffen Sie hier Abhilfe. Außerdem lässt sich an dieser Stelle auch die Textgröße regulieren.

Hintergrundbild

Das Hintergrundbild dürfen Sie getrennt für Homescreen und Sperrbildschirm wählen. Dabei gibt es eine kleine Auswahl sogenannter dynamischer Hintergründe, die sich ein wenig bewegen. Apple-Fans hatten da eigentlich auf mehr gehofft. Am besten, Sie nutzen gleich Ihre eigenen Lieblings-Fotos, die Sie selbstverständlich einbinden können.

Töne

Trotz des Namens geht es in diesem Menü zuerst um die Vibration: Soll das iPhone vibrieren, wenn es klingelt oder auf lautlos gestellt ist?

Darunter können Sie die Lautstärke einstellen und schließlich auch aussuchen, welcher Klingelton bei bestimmten Ereignissen (Anruf, SMS, Tweet, Erinnerung, Tastaturanschlag und so weiter) abgespielt werden soll.

Wenn Ihnen die Auswahl der vorinstallierten Klingeltöne nicht reicht, lotst Apple Sie gern in den Store. Dort können Sie für je 99 Cent neue Töne kaufen. Es ist aber auch möglich, eigene, schon bezahlte Musik in einen Klingelton umzuwandeln und auf dem iPhone zu speichern. Wie das funktioniert, erfahren Sie im Tipps-Kapitel.

Touch ID & Code

Unter dem Homebutton versteckt sich ein Fingerabdrucksensor, der sich in diesem Menü konfigurieren lässt. Dazu tippen Sie auf »Fingerabdruck hinzufügen«. In einer Folge von Heben und Senken des Fingers erfasst Apple die wichtigsten Merkmale, sodass Sie Ihr iPhone am Ende mit dem Auflegen dieses Fingers auf den Homebutton entsperren können. Keine Angst: der Code funktioniert weiterhin! Erfassen Sie am besten gleich mehrere Finger.

Wenn Sie Ihren eigenen Fingern nicht vertrauen, können Sie aber auch beim guten alten Code bleiben, den Sie sogar von vier auf mehr Stellen erweitern können.

In diesem Menü legen Sie außerdem fest, auf welche Features im Sperrbildschirm der Zugriff erlaubt ist. Vielleicht möchten Sie ja nicht, dass im Sperrbildschirm Ihre SMS sichtbar und beantwortbar sind?

Schließlich können Sie Dieben den Datenklau erschweren, indem Sie »Daten löschen« aktivieren. Nach 10maliger Eingabe des falschen Codes werden dann alle Daten vom Handy gelöscht. Hauptsache nur, dass sich damit niemand einen Scherz erlaubt...

Datenschutz

In diesem Menü legen Sie für eine Vielzahl von Apps fest, wer
auf die davon gespeicherten Daten zugreifen darf.

iCloud

iOS arbeitet eng mit dem iCloud genannten Datenspeicher im
Netz zusammen. Apple weist Ihnen 5 Gigabyte Speicher zu,
die kostenlos sind. Kostenpflichtige Upgrades sind möglich.
Im iCloud-Menü bestimmen Sie, welche Ihrer Apps Daten im
Netz ablegen darf (und soll).

Mit iCloud synchronisieren können sich:

- iCloud Drive (eine Art virtueller Festplatte, setzt Computer mit OS X 10.10 voraus)
- Fotos
- Mail
- Kontakte
- Kalender
- Erinnerungen
- Safari
- Notizen

Sie können auch ihr komplettes iPhone in der Datenwolke
sichern (Backup) oder nur Ihre Kennwörter (Schlüsselbund). Interessant ist zudem »Mein iPhone suchen«. Ist diese Funktion aktiv,
können Sie den Standort Ihres iPhone über eine App oder über
die iCloud-Website (https://www.icloud.com) ausfindig machen.

Das funktioniert allerdings nur gut, wenn das iPhone noch
angeschaltet ist. Wenn Sie in der Verlags-Branche arbeiten,
also gern mal etwas verlegen, sollten Sie deshalb auch die Option »Letzten Standort senden« einschalten. Dann übermittelt
das iPhone nämlich in einer Art letzten Aufbäumens seinen
aktuellen Standort an Apple, bevor der Akku völlig leer ist.

Matthias Matting

Ein ganz neues iCloud-Feature ist die Familienfreigabe. Sie ermöglicht Nutzern mit verschiedenen Apple-IDs, bestimmte Ressourcen (gekaufte Apps, Filme, Bücher und Musik sowie eigene Fotos, Videos, Kalender und Standorte) miteinander zu teilen. Bis zu sechs Familienmitglieder dürfen teilnehmen. Tippen Sie auf »Los gehts«, um andere Familienmitglieder einzuladen. Aber Achtung: Sie sind dann der Organisator, der auch für die anderen das Portemonnaie zücken muss, alles wird über Ihr Konto abgerechnet.

iTunes & App Store

Hier finden Sie alle Einstellungen für Apples Digital-Shops, in denen Sie Musik, Filme, Apps und eBooks kaufen können. Diese Optionen stehen bereit:

- Alle anzeigen: Sollen Musik und Videos schon angezeigt werden, obwohl sie nur gekauft, aber nicht geladen wurden?iTunes Match abonnieren: Gibt Ihnen legalen Cloudspeicher für all Ihre Musik, egal woher – für 24,99 Euro im Jahr.
- Automatische Downloads: Welche Inhalte sollen automatisch auf Ihrem iPhone landen?
- Mobile Daten verwenden: Der Download von Musik oder Filmen braucht besonders viel Datenvolumen. Deshalb sollten Sie den nur über WLAN erlauben.
- App-Vorschläge: App-Vorschläge gibt Ihnen ortsabhängige Tipps, welche Apps gerade empfehlenswert wären (etwa eine München-App, wenn Sie zu Besuch nach München kommen).

Mail, Kontakte, Kalender

Darunter vereinen sich Einstellungen für gleich drei Apps – es ist klar, dass das Menü umfangreich wird.

- Accounts: Eine Liste schon bestehender Accounts mit der Option, neue hinzuzufügen. Wie Sie einen Account einrichten, erkläre ich im Kapitel »Kontakte und Kalender«.

- Datenabgleich: Wenn Sie hier »Push« einstellen, versucht das Gerät, neue Daten regelmäßig selbst abzufragen.

- Vorschau: Länge der E-Mail-Vorschau

- An/Kopie anzeigen: Sollen An- und CC-Feld angezeigt werden?

- Streichgesten: Stellen Sie ein, was beim Streichen nach links oder rechts passieren soll

- Markierungsstil: Sollen Mails mit Farben oder Symbolen markiert werden?

- Löschen bestätigen: Löschen erfolgt nur nach nochmaliger Freigabe.

- Bilder von Webservern laden: Werbeversender nutzen gern in Mails eingebundene Bilder, um damit festzustellen, ob Sie die E-Mail gelesen haben. Das können Sie hier unterbinden.

- Nach Konversation: Sortiermodus.

- Blindkopie an mich: Schickt jede E-Mail in Kopie (BCC) an Sie selbst.

- Adressen markieren: Wenn eine Adresse nicht auf eine bestimmte Endung endet, wird sie markiert.

- Zitatebene erhöhen: Bei jeder Antwort wird der Ursprungstext um eine Ebene eingerückt.

- Signatur: Ein Text, der unter all Ihren E-Mails erscheint.

- Sortierfolge: Wonach sollen die Kontakte sortiert werden?

- Anzeigefolge: Welches Element des Kontakts soll zuerst angezeigt werden?

- Im App-Umschalter: Aktiviert die Kontaktliste bei Doppelklick auf den Homebutton.

- ⊶ Kurzname: Wie sollen Namen verkürzt werden, wenn nicht genug Platz auf dem Bildschirm ist?
- ⊶ Meine Infos: Welcher der Kontakte sind Sie?
- ⊶ SIM-Kontakte importieren: Kopiert Kontakte von der SIM-Karte Ihres iPhones.
- ⊶ Zeitzonen-Override: Der Kalender zeigt Ereignisse normalerweise in Ihrer Ortszeit an. Wenn Sie dies nicht wünschen, aktivieren Sie diese Option.
- ⊶ Alternative Kalender: Erlaubt die Nutzung von chinesischem, hebräischem oder islamischem Kalender.
- ⊶ Kalenderwochen: Zeigt die Kalenderwoche an.
- ⊶ Absagen anzeigen: Kalender zeigt auch, wenn jemand eine Termineinladung abgesagt hat.
- ⊶ Sync: Wie weit in die Vergangenheit soll der Kalender synchronisieren?
- ⊶ Standarderinnerungen: Definieren Sie Erinnerungs-Intervalle für bestimmte Standard-Events.
- ⊶ Woche beginnt am: Mit welchem Tag beginnt Ihre Arbeitswoche?

Notizen

Mit welchem Account soll sich die Notizen-App synchronisieren?

Erinnerungen

Geben Sie die Standardliste für Erinnerungen an.

Telefon

Die Einstellungsmöglichkeiten sind hier nicht so umfangreich wie bei Mail und Kontakte. Klingeltöne verwalten Sie übrigens unter »Töne«.

- Mein iPhone: Ihre eigene Rufnummer
- Kontaktfotos in Favoriten: Bilder Ihrer Lieblingskontakte anzeigen?
- Mit Nachricht antworten: Text, der bei der Option »mit Nachricht antworten« gesendet werden soll.
- Rufweiterleitung: Nummer des Weiterleitungsziels.
- Anklopfen/Makeln: Hören Sie, wenn während eines Telefonats ein neuer Anruf kommt, und wechseln Sie zwischen beiden Gesprächen.
- Meine Rufnummer senden: Der Empfänger sieht Ihre Nummer auf dem Display.
- Gesperrt: Kontakte in dieser Liste können Ihnen weder SMS senden noch Sie anrufen.Voicemail-Passwort senden: Ändert das Kennwort für Ihre Sprachbox.
- Wählhilfe: Bestimmt automatisch die richtige Landes- oder Ortsvorwahl.
- SIM-PIN: Die PIN-Nummer Ihrer SIM-Karte haben Sie vom Mobilfunkprovider erhalten.

Nachrichten

Die Nachrichten-App heißt bei Apple nicht »SMS«, weil Sie auch die kostenlosen iMessages verarbeiten kann, die sich Apple-Nutzer untereinander schicken dürfen.

- iMessage: Es hat keinen Sinn, iMessages zu deaktivieren, es sei denn, Sie haben entweder keinerlei Freunde mit AppleGerät (dann sind Sie nun eine Art Aussätziger) oder Sie haben einfach zu viel Geld (dieses Problem löst eine Überweisung an mich sehr elegant).
- Lesebestätigungen: Lassen Sie den Absender einer Nachricht wissen, dass Sie diese gelesen haben.
- Als SMS senden: Falls Sie gerade keine Datenverbindung

haben, wird Ihre Nachricht kostenpflichtig als SMS versandt (statt auf eine Verbindung zu warten).

- ○ Senden & Empfangen: Unter welcher Nummer senden und empfangen Sie Nachrichten?
- ○ MMS-Messaging: MMS (Multimedia-Messages) sind teurer als SMS. Damit können Sie Dateien (Fotos) an Nicht-Apple-Handys schicken. Sparen Sie sich das Geld, deaktivieren Sie diese Option und nutzen Sie lieber Dienste wie WhatsApp.

Nachrichten behalten: Wie lange soll Ihr Handy Nachrichten speichern?Audionachrichten sind ein neues Feature von iOS 8. Es handelt sich um kurze Sprachfetzen, die Sie im Walkie-Talkie-Muster austauschen können.

- ○ Löschen: Aus Speicherplatzgründen werden Audionachrichten nach 2 Minuten gelöscht – oder nie.
- ○ Zum Hören ans Ohr: Bewegen Sie Ihr Handy ans Ohr, wird die Audionachricht automatisch abgespielt.

Videonachrichten funktionieren ähnlich und werden ebenfalls nach 2 Minuten gelöscht – oder nie.

Facetime
Facetime ist Apples Internet-Telefonie-Dienst. Er arbeitet nur zwischen Apple-Geräten. In diesem Menü geben Sie an, ob und wie Sie über Facetime erreichbar sind. Außerdem können Sie einzelne Kontakte sperren.

Karten
Die Karten-App dient der Routenplanung und dem Zurechtfinden in fremden Städten. Hier stellen Sie Beschriftungen, Maßeinheiten und Lautstärke der Routenführung ein.

Kompass

Soll der Kompass zum geographischen oder zum magnetischen Nordpol weisen?

Safari

Safari ist Apples Webbrowser.

- Suchen: Der erste Abschnitt des Einstellungsmenüs legt Suchdienst, Suchmaschinenvorschläge, ein Vorabladen der besten Suchtreffer und eine clevere Suchfunktion fest.
- Allgemein: Soll sich Safari Passwörter merken und Pop-Ups blockieren? Wo sollen Ihre Favoriten gespeichert und neue Links geöffnet werden?
- Datenschutz & Sicherheit: Safari erlaubt anonymes Surfen (»kein Tracking«), blockiert Cookies bestimmter Anbieter und warnt vor Seiten mit betrügerischen Inhalten.

Außerdem können Sie hier alle Verlaufsdaten löschen und im erweiterten Menü Javascript deaktivieren.

Musik

Die Musik-App besitzt ein paar Komfort-Features, die Sie hier ein- und ausschalten können, nämlich die Schüttelfunktion zur Zufallswiedergabe, das Anpassen der Lautstärke von Lied zu Lied, die Anzeige von Liedtexten, die Sortierung und die Empfehlungsfunktion Genius.

Videos

Wenige Video-Einstellungen: Sollen auch nicht geladene Videos angezeigt werden – und wo soll die Wiedergabe starten?

Matthias Matting

Fotos & Kamera

Die Kamera- und die Foto-App vereinen ihre Einstellungs-
menüs hier.

- Mein Fotostream: Sollen Bilder automatisch in die Clozd
  übertragen werden?

- Serienfotos hochladen: Sollen von Serienbildern alle
  Exemplare hochgeladen werden?iCloud-Fotofreigabe:
  Damit erteilen Sie Dritten Zugriff auf Ihre Fotos.

- Fotoübersicht: Aktiviert kompakte Foto-Übersichten
  nach Jahren und Sammlungen.Diashow: Wie schnell soll
  sie ablaufen – und in welcher Reihenfolge?

- Kamera: Soll die Kamera ein Raster anzeigen, von
  HDR-Fotos Kopien mit normaler Belichtung behalten
  und Videos mit 60 Bildern pro Sekunde aufnehmen
  (60 FPS)? Mit 60 FPS aufgezeichnete Videos wirken
  filmähnlicher.

iBooks

Erlaubt Blocksatz und Silbentrennung in eBooks der iBooks-
App und kümmert sich um die Synchronisation von Lesezeichen und Sammlungen (Ordnern).

Podcasts

Einstellungen der Podcast-App. Sie bestimmen, wie oft aktualisiert wird, welche Folgen die App lädt und ob gespielte
Folgen zu löschen sind.

Game Center

Hier schalten Sie den Zugang zum Game Center ein, der
Multiplayer-Spiele erlaubt.

Twitter

Ihr Twitter-Account.

Facebook

Ihre Facebook-Nutzerdaten.

Flickr

Die Nutzerdaten Ihres Accounts beim Bilderdienst Flickr.

Vimeo

Die Nutzerdaten Ihres Accounts beim Videodienst Vimeo.

Matthias Matting

Telefonieren und texten

Vor gar nicht allzu langer Zeit galt die SMS noch als geniale Erfindung – heute ist sie durch kostenlose Instant Messages beinahe abgelöst. Ihr neues iPhone kennt überraschenderweise diese mittlerweile uralte Kulturtechnik immer noch. Und es lässt sogar zwei Menschen live miteinander reden, wie man das Frendwort »telefonieren« übersetzen könnte.

Das iPhone als Telefon

Das grüne Telefonsymbol befindet sich im Auslieferungszustand in der untersten, feststehenden Symbolleiste. Einmal darauf tippen, und die Telefon-App öffnet sich. Sie ist in fünf Reiter gegliedert, die Sie am unteren Bildschirmrand finden. Von links nach rechts sind das: *Favoriten*, *Anrufliste*, *Kontakte*, *Ziffernblock* und *Voicemail*.

Starten wir mit einem Anruf. Tippen Sie auf »*Ziffernblock*«

und geben Sie eine Nummer ein. Wenn die Nummer schon in Ihren Kontakten enthalten ist, erscheint darunter der Name des Kontaktes. Eun Tipp auf den grünen Telefonknopf startet den Anruf.

Während des Telefonats haben Sie sechs Möglichkeiten:

- ➤ Stumm: Schaltet das Mikrofon Ihres iPhone aus, falls Sie etwas besprechen wollen, das der Angerufene nicht hören soll.

- ➤ Ziffernblock: Um Ziffern einzugeben, etwa in einer automatisierten Telefon-Hotline.

- ➤ Lautsprecher: Schaltet den Anruf laut, sodass Sie das Gerät nicht mehr ans Ohr halten müssen.

- ➤ Anruf hinzufügen: Der aktuelle Anruf wird gehalten, während Sie sich mit einem Dritten verbinden.

- ➤ Facetime: Falls der Gesprächspartner über Facetime erreichbar ist (also auch ein iPhone oder iPad besitzt), können Sie auf Facetime wechseln. Damit fallen dann keine Telefonkosten mehr an.

- ➤ Kontakte: Öffnet die Kontakte-App, damit Sie etwa nach Adressen oder Telefonnummern suchen können. Zurück zum Anruf kommen Sie über die grüne Leiste am oberen Bildschirmrand.

Das Gespräch beenden Sie über die rote Taste.

Falls jemand Ihre Nummer anruft, unterbreitet Ihnen das iPhone zunächst vier Optionen.

- ➤ Erinnerung: Das Gespräch wird abgelehnt, aber das iPhone erinnert Sie an den Rückruf.

- ➤ Nachricht: Sie lehnen das Gespräch ab, doch der Anrufer bekommt eine Nachricht mit einem Standard-Text, den Sie im Einstellungs-Menü definieren können.

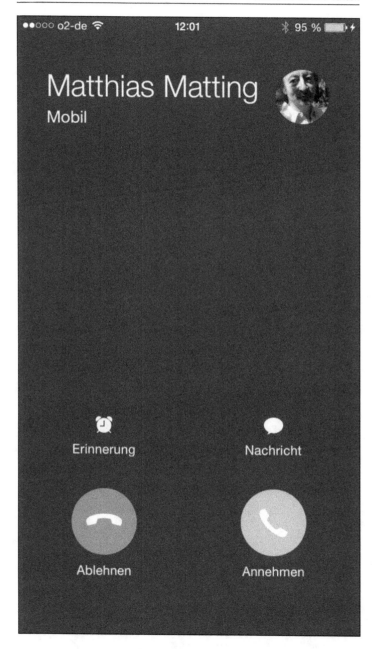

>O> Ablehnen: Sie lehnen das Gespräch ab. Der Anrufer hört ein Besetztzeichen. Da er zunächst ein Freizeichen gehört hat, weiß er oder sie allerdings, dass Sie das Telefonat abgelehnt haben.

>O> Annehmen: Sie nehmen das Gespräch an.

Wenn Sie sich für »Annehmen« entscheiden, erscheint derselbe Bildschirm wie bei einem Anruf Ihrerseits.

Falls ein Anrufer Sie nicht erreicht hat und daraufhin in Ihrer Mailbox landete, erfahren Sie das im Reiter »Voicemail«. Das iPhone lädt im Grunde die in der Mailbox für Sie vorliegenden Nachrichten herunter, sodass Sie sie direkt auf dem Gerät abspielen können. Das ist sehr bequem, funktioniert aber nur bei einer Internet-Datenverbindung, also nicht unterwegs im Ausland.

Die Anrufliste führt über all Ihre erfolgreichen (schwarz) und verpassten (rot) Telefonate Buch. Wenn eine Nummer bereits in Ihren Kontakten enthalten ist, wird statt der Nummer der Name aufgeführt. Kennt Ihr iPhone die Nummer noch nicht, fügen Sie sie über das »i«-Symbol einem bestehenden oder neuen Kontakt hinzu.

Im Reiter »Favoriten« finden Sie einen Schnellzugriff auf Ihre Lieblings-Kontakte. Die Favoriten sehen Sie auch auf dem Homescreen, wenn Sie den Homebutton doppelt antippen.

Der Reiter »Kontakte« schließlich ist so wichtig, dass ich ihm einen eigenen Abschnitt widme, denn die Kontakte tauchen in sehr vielen anderen Apps wieder auf.

Kontakte verwalten

Für die meisten Handy-Besitzer ist die Kontaktliste ein wertvoller Besitz – die Datenbank hat bei vielen längst das

Papier-Adressbuch abgelöst. Umso wichtiger, dass Sie sie gut pflegen und auch regelmäßig sichern. Lassen Sie die Kontakte-App ihre Daten also auf jeden Fall mit der iCloud synchronisieren (siehe Einstellungs-Menü) und fertigen Sie über iTunes auch Backups Ihres iPhones an.

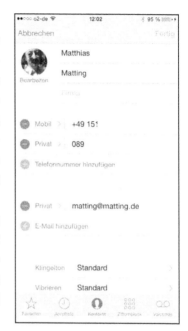

Neue Kontakte legen Sie auf dem iPhone über das »+«-Symbol an. Änderungen erfolgen über den »Bearbeiten«-Knopf oben bei jedem Kontakt.

Diese Daten können Sie zu einer Person sammeln:

- Foto: Entweder mit der Kamera aufnehmen oder aus der Galerie entnehmen.
- Vorname, Nachname: Wichtig auch für die Sortierung.
- Telefonnummer: Wenn Sie mehrere Telefonnummern einfügen, sollte jede ihr eigenes Etikett (Privat, Arbeit und so weiter) bekommen.
- E-Mail: Heute fast so wichtig wie die Telefonnummer.
- Klingelton / Vibrieren: Wie soll Ihr Handy bei Anrufen dieses Kontakts klingeln beziehungsweise vibrieren?
- Nachrichtenton / Vibrieren: Wie soll sich Ihr Handy bei Nachrichten dieses Kontakts melden beziehungsweise vibrieren?
- URL: Die Website des Kontakts.

- Adresse: Die Anschrift(en). Wenn hier eine Adresse eingetragen ist, können Sie diese etwa auch in der Karten-App verwenden.
- Geburtstag / Datum: So vergessen Sie wichtige Anlässe nicht.
- Zugehöriger Name: Erleichtert Siri die Zuordnung.
- Soziales Profil: Seite der Person bei Facebook, Twitter und anderen Diensten.
- IM-Adresse: Verknüpfung zu einem Instant Messenger wie Skype, AIM, ICQ und anderen Diensten.
- Feld hinzufügen: Es stehen noch einige andere Felder bereit, etwa Titel, Spitzname, Position oder Abteilung. Auch die Aussprache des Namens können Sie hier (für Siri) definieren.

Vergessen Sie nicht, Ihre Änderungen durch Tippen auf »Fertig« zu speichern.

Nachrichten auf dem iPhone

Die Nachrichten-App ist ebenfalls gleich unten in der Symbolleiste des Homescreens zu finden. Sie vereint zwei eigentlich sehr unterschiedliche Dienste: SMS und MMS einerseits und iMessage andererseits.

Was ist der Unterschied?

SMS (Textnachrichten) und MMS (Multimedianachrichten) werden vom Mobilfunk-Provider bereitgestellt und übertragen. Ihre Nutzung kostet Sie also separate Gebühren von ein paar Cent. Vielleicht haben Sie auch eine SMS-Flatrate, bei der das Senden einer gewissen Zahl von SMS im Monatspreis inklusive ist. Das Empfangen von SMS ist im Inland immer kostenlos, im Ausland können auch dafür Gebühren anfallen. Besonders teuer sind meist MMS – am besten, Sie deaktivieren die komplette MMS-Kommunikation im Einstellungs-Menü unter »Nachrichten«.iMessages hingegen sind ein Dienst von Apple, der über das Internet arbeitet und keine zusätzlichen Gebühren kostet. Aufpassen müssen Sie hier nur, wenn Sie ein sehr knapp bemessenes monatliches Datenvolumen haben. Dann sollten Sie auf Audionachrichten eher verzichten, da diese doch recht viel Übertragungskapazität brauchen. Ihr Mobilfunk-Anbieter bekommt von Ihren iMessages also nichts mit.

Das iPhone wählt dabei stets den kostengünstigsten Versandweg. Wenn der Empfänger ein Apple-Smartphone, ein iPad oder einen Mac-Computer besitzt, kann er iMessages empfangen – und dann senden Sie auch iMessages. Arbeitet der Empfänger jedoch mit einem anderen System, dann schicken Sie ihm SMS.

Was genau gerade in Arbeit ist (ob also Kosten anfallen), sehen Sie direkt im Eingabefeld der Nachrichten-App. Steht dort »iMessage«, können Sie so viel schreiben, wie Sie möchten. Lesen Sie dort aber »Nachricht«, arbeiten Sie gerade an einer SMS. SMS können maximal 160 Zeichen lang sein. Sie dürfen zwar gern mehr tippen. Damit machen Sie aber Ihrem Mobilfunk-Anbieter eine Freude, denn er darf Ihnen dann zwei oder mehr SMS berechnen, je nachdem, wie groß Ihr Mitteilungsbedürfnis ist. Leider zeigt das iPhone noch immer nicht an, wann Sie im Begriff sind, das 160-Zeichen-Limit zu überschreiten.

Eine neue Nachricht (egal ob iMessage oder SMS) schreiben Sie über das Verfassen-Icon rechts oben. Geben Sie den oder die Empfänger an. Achtung, bei SMS wird Ihnen pro Empfänger eine Nachricht berechnet. In der Textzeile unten formulieren Sie den Text. Sie können auch per Sprache formulieren, was Sie zu sagen haben. Ist alles gesagt, tippen Sie auf »*Senden*«.

Bei iMessages dürfen Sie über das Kamera-Symbol auch Fotos anfügen, neuerdings auch mehrere auf einmal.

Bei empfangenen Nachrichten finden Sie oben rechts die Schaltfläche »*Details*«. Darüber finden Sie Informationen zum Absender und können diesen auch gleich anrufen oder auf eine spezielle Ignorierliste (»Nicht stören«) setzen.

In der Nachrichten-Übersicht erreichen Sie über »Bearbeiten« die Option, eine oder mehrere Nachrichten zu markieren und dann als gelesen zu kennzeichnen oder zu löschen.

Eine Besonderheit bieten iMessages, wenn der Empfänger

ein Gerät mit iOS 8 oder einen Mac mit MacOS X 10.10 besitzt. Dann können Sie nämlich Audionachrichten versenden. Das erkennen Sie daran, dass das Mikrofonsymbol neben der Text aktiv ist. Halten Sie den Finger darauf, erscheint ein rundes Menü.

Heben Sie den Finger nicht! Denn gleichzeitig beginnt das Mikrofon mit der Aufzeichnung. Sprechen Sie Ihre Botschaft und lassen Sie danach das Icon los. Es hat

sich in einen Abspiel-Symbol verwandelt, das Ihnen Ihre
Nachricht zur Kontrolle vorliest. Ein Tipp auf das »x« löscht
den Sprachfetzen, ein Tipp auf den Hochpfeil hingegen ver-
schickt ihn per iMessage. Wenn Sie selbst Audionachrichten
erhalten, können Sie diese alternativ abspielen, indem Sie das
Handy ans Ohr halten. Setzen Sie das Gerät ab und halten Sie
es neu ans Ohr, um ebenso bequem zu antworten.

Ähnlich funktionieren Videonachrichten. Dazu müssen
Sie aber das Kamerasymbol links festhalten. Wie bei den
Audionachrichten sind für den Empfang iOS 8 oder MacOS X
10.10 Voraussetzung.

WhatsApp, Threema, Skype & Co.

Die kostenlosen iMessages sind zwar bequem, aber auf Apple-
Besitzer beschränkt. Deshalb kommt kaum ein Nutzer heute
ohne zusätzliche App aus. Die Programmkategorie heißt »Instant Messenger«. Das am weitesten verbreitete Programm ist
dabei WhatsApp.

Nachdem die Firma durch Facebook gekauft wurde, haben
manche User Alternativen gesucht und im nicht ganz zwei
Euro teuren Threema gefunden. Allerdings kommt es bei einem Instant Messenger sehr darauf an, wieviele Ihrer Freunde
Sie darüber erreichen können – und das sind bei Threema
deutlich weniger als bei WhatsApp.

Als systemübergreifende Alternative zu Facetime gilt Skype.
Die Internet-Telefon-Software gehört inzwischen zu Microsoft,
funktioniert aber auch problemlos auf dem iPhone 6.

Siri und Spracheingabe

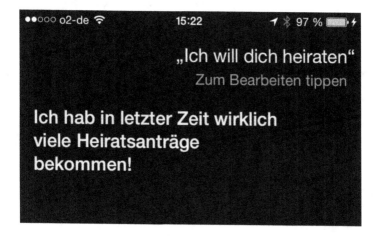

Die Sprachassistentin Siri ist seit einiger Zeit Teil des iPhone-Betriebssystems. Ich gebe es zu: Immer, wenn ich ein neues iPhone bekomme, spiele ich eine Weile damit herum und bewundere den Humor der Programmierer. Aber dann schalte ich Siri doch wieder ab, weil alles, was Siri kann, auf andere Weise schneller zu erledigen wäre. Ich kenne auch niemanden, der Siri im Alltag einsetzt. Falls Sie zu den Siri-Nutzern gehören, melden Sie sich deshalb bitte unbedingt bei mir, vielleicht ist mir ja bisher auch nur ein wichtiger Aspekt entgangen!

Selbst im Auto, wenn die Sprachassistentin eigentlich nützlich wäre, setze ich sie nicht ein, weil man letztlich doch nicht ohne den verbotenen Blick aufs Display auskommt. Immerhin können Sie Siri nun auch ohne Knopfdruck mit dem Befehl »Hey Siri« aktivieren, wenn das iPhone an der (Auto-)Steckdose hängt.

Normalerweise starten Sie Siri, indem Sie den Homebutton

länger drücken. Siri fragt »Wie kann ich behilflich sein«. Wenn Sie daraufhin schweigen, blendet die Software mögliche Dialoge ein. Grundsätzlich kann Siri Funktionen des iPhone steuern, nach bestimmten Informationen suchen oder bei der Organisation des Alltags helfen. Und schließlich ist Siri auch noch eine humorvolle Gesprächspartnerin für gelangweilte iPhone-Besitzer (siehe unten).

Den Dialog starten Sie, indem Sie auf das Mikrofon-Symbol tippen. Siri gibt normalerweise eine Rückmeldung, was sie verstanden hat. Wenn Ihr Befehl Siris Fähigkeiten überreizt, sucht sie entweder im Web nach dem Problem oder gibt eine mehr oder weniger lustige Antwort.

Manche Fakten müssen Sie Siri erst beibringen, etwa Ihre Verwandtschaftsbeziehungen. Sagen Sie Siri »Mein ... ist ... (Name)«, dann fügt das Programm diese Beziehung Ihrem Profil hinzu. In Zukunft können Sie dann statt des Namens die Bezeichnung verwenden. Das müssen übrigens nicht nur Mann, Frau, Tochter oder Sohn sein: Sie können Siri so auch Ihren Liebhaber, Ihren Schornsteinfeger (Kaminkehrer für die Bayern) oder Ihren Fußabtreter beibringen.

Falls die Stimme bestimmte Namen falsch ausspricht, korrigieren Sie sie einfach. Sagen Sie dazu »Lerne Aussprache (Name)«, dann lernt Siri aus Ihrem Vorbild.

Manche Wörter erkennt Siri auch nicht korrekt – bei mir wurde etwa aus »Fußabtreter« immer »Fuß ab Treter«. In solchen Fällen können Sie Siri beim Lernen helfen, indem Sie auf das falsch erkannte Wort tippen. Geben Sie es dann richtig ein. Das Programm merkt sich die Korrektur und wendet sie in Zukunft an.

Bei Namen in Kontakten können Sie Siri die Arbeit erleichtern, indem Sie dem Kontakt über *Bearbeiten → Feld hinzufügen* → *Ausspracheform* die phonetische Form des Namens hinzufügen.

Vorsicht: wenn Ihnen daran gelegen ist, dass Siri Ihre Aussprache möglichst gut erlernt, sollten Sie auf keinen Fall andere mit ihr herumspielen lassen. Siri wird Ihnen zwar nicht untreu, wird aber von der unterschiedlichen Aussprache verwirrt, was die Worterkennung verschlechtert.

Leider funktioniert Siri nur mit Internet-Verbindung. Im Ausland müssen Sie deshalb meist auf ihre Hilfe verzichten – wenn Sie nicht teure Roaming-Gebühren bezahlen wollen.

Die weibliche Stimme Siris können Sie übrigens auch im Computerspiel »Assassins Creed« hören – Sie gehört der Sprecherin Heike Hagen (http://voicebase.de/Heike-Hagen). Die männliche Stimme kommt von Tobias Nath (»Skyfall«) (http://www.sprecherdatei.de/sprecher/tobias_nath.php).

Hilfreiche Siri-Dialoge

- Wecke mich in x Stunden
- Stelle meinen Wecker auf 6 Uhr 30.
- Öffne Kamera. (auch für andere Apps)
- Rufe zu Hause an.
- Nachricht an (Name) Komme gleich.
- Habe ich einen Termin um 14 Uhr?
- Hat Bayern München gewonnen?
- Regnet es am Sonntag?
- Ich habe mich verletzt.
- Poste auf Twitter.
- Neuer Facebook-Status.
- Ich würde jetzt gern eine gute Pizza essen.

- ⟡ Wieviele Einwohner hat Deutschland?
- ⟡ Spiele Depeche Mode.
- ⟡ Stoppe Musik.
- ⟡ Emaile meine Mutter.
- ⟡ Schalte »Nicht stören«-Modus an.
- ⟡ Wie heißt dieses Lied? (Song-Erkennung aus dem Radio oder anderen Quellen)

Lustige und interessante Siri-Dialoge

- ⟡ Ich liebe dich!
- ⟡ Ich will dich heiraten.
- ⟡ Ich will mit dir schlafen.
- ⟡ Ich liebe dich.
- ⟡ Du bist doof!
- ⟡ Bist du einsam?
- ⟡ Wie geht es dir?
- ⟡ Guten Morgen!
- ⟡ Gute Nacht!
- ⟡ Ich bin müde!
- ⟡ Was ist deine Lieblingsfarbe?
- ⟡ Was ist dein Lieblingsessen?
- ⟡ Was ist der Sinn des Lebens? (mehrmals fragen)
- ⟡ Wer hat dich gemacht?
- ⟡ Was hast du an?
- ⟡ Was trägst du drunter?
- ⟡ Beam me up, Scotty!
- ⟡ Warum ist die Banane krumm?
- ⟡ Erzähl mir einen Witz!
- ⟡ Erzähl mir eine Geschichte!

- Erzähle mir einen Zungenbrecher!
- Das Leben ist schei...
- Wie alt bist du?
- Test (mehrfach fragen)
- Huhu!
- Mir ist langweilig.
- Du bist toll.
- Du bist klug.
- Wer ist der Schönste im ganzen Land?
- Was sagt der Fuchs?
- Ha!
- Was bedeutet Siri?
- Wie groß bist du?
- Glaubst du an Gott?
- Herzlichen Glückwunsch zum Geburtstag.
- Sag mir was Schmutziges.
- Welches Smartphone ist das beste?
- Bist du ein Mensch?

Sie sehen schon – Siri kennt weitaus mehr lustige als hilfreiche Dialoge...

Die Spracheingabe

Die Spracheingabe nutzt dieselben Server und Technologien wie Siri. Deshalb steht sie auch nur dann zur Verfügung, wenn Siri aktiviert ist und Internet-Verbindung hat. Aufgerufen wird sie über das Mikrofonsymbol auf der Tastatur.

Beim Diktieren müssen Sie dem Gerät jeweils Zeit genug lassen, Ihre Wörter an den Server zu schicken. Trotzdem funktioniert die Eingabe insgesamt recht flüssig. Leider fehlt ein Korrekturbefehl, sodass Sie ohne die Bildschirmtastatur nicht auskommen. Die Spracheingabe kennt aber zahlreiche Befehle für Satzzeichen, Sonderzeichen und Smileys.

Außerdem reagiert sie auf »*Neue Zeile*« und »*Neuer Absatz*«. Damit ein ganzes Wort in Großbuchstaben erscheint, benutzen Sie das Schlüsselwort »*Großbuchstaben*«, das Sie bei Bedarf mit »Kleinbuchstaben« rückgängig machen können.

Wenn Sie die Tastatur-Sprache umstellen (Weltkugel auf der Tastatur), ändert sich auch die Sprache der Spracheingabe – so können Sie auch in Englisch oder Französisch diktieren.

Römische Zahlen diktieren Sie mit dem Schlüsselbegriff »Römisch«, »Römisch 2« etwa wird zu »II«. Bei Zeit- und Datumsangaben sprechen Sie die kompletten Zahlen. »Dreiundzwanzigster Achter Sechsundachtzig« wird zu »23. 8. 1986«, »Dreiundzwanzigster Achter« aber zu »23. August«. »Neun Uhr Fünfundvierzig« erscheint im Text als »9:45 Uhr«.

Die wichtigsten Befehle für Satz- und Sonderzeichen:

- Punkt: .
- Auslassungszeichen: ...
- Komma: ,
- Bindestrich: -
- Slash: /
- Backslash: \
- Gedankenstrich: –
- Geviertstrich: —
- Pluszeichen: +
- Plus-Minuszeichen: ±
- Minuszeichen: -
- Doppelpunkt: :
- Semikolon: ;
- Fragezeichen: ?

Matthias Matting

- Anführungszeichen unten: „
- Anführungszeichen oben: »
- Klammer auf: (
- Klammer zu:)
- Eckige Klammer auf: [
- Eckige Klammer zu:]
- Geschweifte Klammer auf: {
- Geschweifte Klammer zu: }
- Apostroph: ´
- Gesicht
- trauriges Gesicht
- zwinkerndes Gesicht
- lachendes Gesicht
- Und-Zeichen: &
- Sternchen: *
- Klammeraffe: @
- Dollarzeichen: $
- Eurozeichen: €
- Pfundsymbol: £
- Prozentzeichen: %
- Promillezeichen: ‰
- Paragraphzeichen: §
- Tilde: ~
- Nummernzeichen: #

Konten, Kalender, E-Mail & Web

Die Organisation von Familie und Kollegen, von Büro und Freizeit übernimmt das iPhone gern für Sie. Hauptsache, Sie lassen sich von der Technik nicht stressen.

Konten einrichten

Die Zeiten, als Ihr Kalender nur auf dem Schreibtisch lag und Ihr Postfach an der Haustür angebracht war, sind lange vorbei. E.Mails, Kontakte und Kalender (und viele andere digitale Ressourcen) verwaltet man heute im Internet. Spezialisierte Anbieter wie Google, Yahoo oder Microsoft richten Ihnen dafür Konten ein – im Grunde jeweils kleine Bereiche auf deren Servern, auf die Sie mit Benutzername und Kennwort zugreifen können.

Ihr iPhone betrachtet all diese Online-Konten ohne Ansehen des Betreibers als gleichwertig, als Accounts. Zum

Einrichten neuer Accounts rufen Sie (bei bestehender Internetverbindung) das Einstellungs-Menü auf und wechseln zu »*Mail, Kontakte, Kalender*«. Dort finden Sie den Punkt »*Account hinzufügen*«.

Das iPhone macht Ihnen ein paar Vorschläge, bei welchem Anbieter Sie ein Konto haben könnten. Keine Sorge, falls Ihr Anbieter nicht dabei ist. Wenn Ihr Anbieter aber Google, Yahoo, AOL oder Outlook.com heißt, haben Sie keine weiteren Umstände. Dann brauchen Sie bloß die Ihnen bekannte Kombination aus Benutzernamen und Kennwort einzugeben, den Rest erledigt die Software.

Wenn Sie Ihr privates E-Mail-Konto bei Web.de, GMX, T-Online oder anderen Firmen führen, tippen Sie auf »Andere«. Geben Sie zunächst wie gewohnt Benutzername und Kennwort ein. Das iPhone versucht, alle nötigen Parameter zu ermitteln. Wenn es dabei erfolgreich ist: Glückwunsch! Wenn nicht, erwartet die Software ein paar mehr Angaben von Ihnen, und zwar getrennt für E-Mails, Kontakte und Kalender. Was genau Sie jeweils eintragen müssen, ist von Firma zu Firma unterschiedlich – Details müssten Sie vom Support des Anbieters erfragen. Apple wird Ihnen bei dieser Frage nicht weiterhelfen. Diese Daten müssen Sie eingeben, indem Sie zunächst in der Kontenliste auf das Konto tippen und dann auf »Account«.

Hier ein paar Daten wichtiger Firmen:Freenet

- Posteingang: mx.freenet.de (Pop3+IMAP), Port 995, Sicherheit: SSL/TLS

Postausgang: mx.freenet.de, Port 587, Sicherheit: SSL/TLS-Web.de

- Posteingang: pop.web.de (Pop3), Port 110, imap.web.de (IMAP), Port 143, Sicherheit: keine

Matthias Matting

Postausgang: smtp.web.de, Port 587, Sicherheit: SSL/TLS
oder keineT-Online

- Posteingang: popmail.t-online.de (Pop3, Port 110),
  secureimap.t-online.de (IMAP, Port 993, Sicherheit:
  SSL/TLS)

- Postausgang: securesmtp.t-online.de, Port 587, Sicherheit: STARTTLS

Exchange: activesync.t-online.de1&1

- Posteingang: pop.1und1.de (Pop3, Port 995, Sicherheit:
  SSL/TLS), imap.1und1.de (Port 993, Sicherheit: SSL/
  TLS)

Postausgang: smtp.1und1.de, Port 25, mit Anmeldung, Sicherheit: nein Strato

- Posteingang: pop3.strato.de (Pop3, Port 995, Sicherheit:
  SSL/TLS), imap.strato.de (IMAP, Port 993, Sicherheit:
  SSL/TLS)

- Postausgang: smtp.strato.de (Port 465, mit Anmeldung,
  Sicherheit: SSL/TLS)

Wenn Ihr Anbieter nicht darunter ist, finden Sie sicher
auf seiner Website die nötigen Angaben. Oder Sie sehen in
dieser langen Liste im Web nach: http://www.patshaping.de/
hilfen_ta/pop3_smtp.htm.

Bei der Einrichtung Ihres Firmen-E-Mail-Zugangs müssen
Sie meist anders vorgehen. Dann brauchen Sie nämlich die
Account-Art »Exchange«. Der Großteil aller Firmen-Mail- und
Kalender-Server arbeitet mit dieser Software der Firma Mi-
crosoft. Aber auch bei T-Online können Sie ein Exchange-Kont
verwenden. Benötigt werden zunächst wieder nur Login-
E-Mail und Kennwort; danach aber auch noch Server- und
Domainnamen. Diese Angaben erhalten Sie vom IT-Admin
Ihrer Firma.

Kalender verwalten

Nicht über alle Konten können Sie auch Ihren Kalender verwalten – Google und Exchange gehören aber auf jeden Fall dazu. Der Kalender startet jeweils mit einer Terminübersicht, durch die Sie mit dem Finger scrollen können. Links oben finden Sie ein Etikett, mit dem Sie zwischen Monats- und Jahres-Darstellung wechseln können. Ein Tipp auf einen Tag bringt Sie zu den Ereignissen des jeweiligen Tages.

Schickt Ihnen ein Kollege oder ein Freund eine Einladung zu einem Termin, landet diese zunächst im Eingang (Etikett unten rechts). Hier wartet sie auf Ihre Antwort. Wenn Sie sie bestätigen, erscheint der Termin im Kalender.

Über »Kalender« unten in der Mitte können Sie zwischen verschiedenen Kalendern wechseln, etwa Ihren privaten und Ihren Büro-Terminen.

Oben rechts finden Sie eine Lupe (die zur Suchfunktion führt) und ein Plus-Symbol, über das Sie einen neuen Termin eintragen können.

Drehen Sie Ihr iPhone auch mal in die Querlage. Überraschung! Eine übersichtlichere Darstellung erwartet Sie.

E-Mail nutzen

Das E-Mail-Programm ist rechtzeitig zum Erscheinen des iPhone 6 gründlich überarbeitet worden.

Nach dem Start präsentiert es eine Liste mit »Postfächern«. Auch wenn Sie nur einen E-Mail-Account besitzen, finden Sie hier eine ganze Reihe von Einträgen. Anderswo heißen die Postfächer auch Ordner – das erscheint mir passender. Die

Vielzahl soll Übersicht verschaffen. Hindert Sie die Vielzahl jedoch an wirklicher Übersicht, manipulieren Sie die Liste einfach mit »Bearbeiten« oben rechts. Entfernen Sie dann alle Häkchen vor Postfächern, die Sie nicht brauchen.

In den Fächern selbst finden Sie Ihre E-Mails. Im Fach »Ungelesen« natürlich nur die ungelesenen, in »Anhänge« nur die mit Dateianhang, in »Papierkorb« alle gelöschten. Manche Nachrichten befinden sich deshalb auch in mehreren Postfächern gleichzeitig, also etwa in »Alle« und in »Ungelesen«.

E-Mails besonders wichtiger Absender können Sie in den VIP-Ordner einfließen lassen. Dazu brauchen Sie diesen nur zu öffnen und auf »VIP hinzufügen« zu tippen.

Tippen Sie auf eine vorhandene Nachricht, um diese zu lesen. Streichen Sie stattdessen nach links, können Sie die Mail markieren oder löschen. Ein-

mal nach rechts streichen, und Sie markieren die E-Mail als ungelesen. Sie brauchen das farbige Feld nicht anzutippen, es genügt, wenn Sie konsequent zur Seite wischen. Was genau passiert, können Sie im Einstellungs-Menü festlegen.

Wenn Sie eine E-Mail in ihrer ganzen Schönheit auf dem Schirm haben, haben Sie vier Optionen – in der untersten Zeile, von links nach recht:

- Markieren: Verzieren Sie die Nachricht mit

einem Marker, markieren Sie sie als ungelesen, schieben Sie sie in den Spamordner (»Werbung«) oder richten Sie eine »Mitteilung« ein. Mit einer solchen Mitteilung wird das iPhone Sie darauf aufmerksam machen, wenn jemand auf diese Konversation antwortet. Das ist sehr praktisch, wenn Sie dringend auf eine Antwort warten, aber nicht alle fünf Minuten Ihr Postfach prüfen wollen.

- Verschieben: Verschieben Sie die Nachricht in ein anderes Postfach.
- Löschen: Die E-Mail verschwindet ohne weitere Rückfrage im Papierkorb.
- Antworten: Über dieses Icon können Sie die Nachricht beantworten, sie weiterleiten oder drucken.

Über das »*Verfassen*«-Icon unten rechts schreiben Sie eine neue E-Mail. An, Betreff und Text formulieren, auf »Senden« tippen, fertig. Wie gewohnt können Sie auch die Spracheingabe zu Hilfe rufen.

Der Webbrowser Safari

Dem Webbrowser Safari sind auch in der neuesten Version seine Fähigkeiten nicht anzumerken. Nach dem Start öffnet sich ein unschuldiges Fenster mit einer kleinen Iconleiste am unteren Rand. Darüber haben Sie diese Optionen:

- Vor / Zurück: Bewegen Sie sich in den bisher besuchten Seiten vorwärts und rückwärts.
- Teilen: Teilen Sie die Seite über soziale Medien, E-Mail und andere Dienste. Über diesen Button fügen Sie die aktuelle Seite aber auch zu den Lesezeichen oder zur Leseliste hinzu.

- Lesezeichen: Über dieses Symbol rufen Sie sowohl Ihre Lesezeichen (gemerkte Website-Adressen, dort findet sich auch der Verlauf) als auch die Leseliste und eine Liste von anderen Nutzern für Sie freigegebener Websites auf. Die Leseliste ermöglicht Ihnen, Inhalte von Websites später (auch ohne Internetverbindung) nachzulesen. Einträge in den Lesezeichen und der Leseliste können Sie mit Links-Wischen über den Namen wieder entfernen.

- Fenster: Öffnet eine 3D-Darstellung aktuell geöffneter Fenster. Per Tipp können Sie zu einem anderen Fenster wechseln. Das Plus-Symbol öffnet eine neue, leere Seite. »Privat« startet ein Browser-Fenster, das keinerlei Daten von Ihnen und über Sie speichert.

Ein wichtiges Feature versteckt sich noch in der Adresszeile. Tippen Sie darauf, um eine neue Adresse anzufordern. Direkt darunter finden Sie den Befehl »Desktop-Site anfordern«: Viele Webserver liefern Ihnen nämlich eine abgespeckte Version, obwohl das iPhone 6 eigentlich gut geeignet ist, auch die Vollversion darzustellen.

Ein Feature beherrscht Apple allerdings nicht (und das ist beabsichtigt): das Ausführen von Flash-Anwendungen auf Websites. Es gibt allerdings Alternativen, mit denen Sie notfalls doch Flash-Seiten auf den Bildschirm bekommen (siehe Tipps & Tricks).

Auf dem iPhone arbeiten

Je größer der Bildschirm, desto eher eignet sich ein Handy auch für echte Büroarbeit. Mit seinen 5,5 Zoll ist das iPhone 6 plus da schon eine echte Hilfe. Doch auch auf dem kleineren

Modell können Sie schnell noch ein paar Änderungen an Ihrer Kalkulation vornehmen oder die Präsentation updaten.

Die Programme dafür heißen Pages (für Texte), Numbers (für Kalkulationen) und Keynote (für Präsentationen). Alle drei Apps sind für iPhone-Neukäufer kostenlos. Sie sollten sie also schnellstens aus dem Appstore holen. Damit sollten Sie eigentlich für alle Eventualitäten gerüstet sein.

Drucken vom iPhone

Auch das iPhone 6 hat noch keinen Druckeranschluss erhalten. Aber Kabel sind heute sowieso nicht mehr en vogue. Dafür spricht das iPhone problemlos Drucker an, die im selben WLAN-Funknetz registriert sind und Apples AirPrint-Standard unterstützen.

Das sind zwar noch nicht alle Drucker (hier eine Liste: http://www.airprintdrucker.de), aber auch für andere Modelle gibt es Lösungen: siehe dazu das Tipps&Tricks-Kapitel.

Mit dem iPhone ans Ziel

Die Karten-App war eins der Highlights der letzten iPhone-Generation. Vor allem die schicken 3D-Darstellungen in Großstädten beeindrucken. Inzwischen hat Apple auch die vielen Bugs der Erstversion beseitigt.

Wer den Weg zum Ziel sucht, kann sich von der App auch führen lassen. Tippen Sie dazu auf das Wegweiser-Symbol oben links. Der schräge Pfeil unten rechts bringt Sie stets an Ihre aktuelle Position. Über das Info-Symbol unten rechts passen Sie die Darstellung an.

Die sonstigen Standard-Apps

Auch die anderen von Apple mitgelieferten Anwendungen sind in der Regel im Alltag sehr brauchbar. Sie dienen meist einem einzigen Zweck – aber dafür ersetzen sie oft eigene Geräte.

- Uhr: Die Uhr dient sowohl als Uhr im eigentlichen Sinne (auch über mehrere Zeitzonen) als auch als Wecker, Stoppuhr und Timer.
- Notizen: Wenn Sie einen wichtigen Gedanken nicht vergessen wollen...
- Wetter: Die Wettervorhersage ist beim iPhone 6 deutlich erweitert. Für die nächsten 24 Stunden macht sie detaillierte Vorhersagen (inklusive UV-Index, Luftdruck und so weiter), für weitere neun Tage gibt es zumindest Temperaturen und Regenwahrscheinlichkeiten.
- Rechner: Der Rechner besitzt eine einfache Form (Hochformat) und eine wissenschaftliche (Querformat).
- Taschenlampe: Nicht als eigene App zugänglich, aber über das Kontrollcenter: Wischen Sie mit dem Finger von unten nach oben.
- Sprachmemos: Nicht nur für Memos geeignet, sondern auch für Interviews etc.
- Kompass: Der Kompass zeigt stets, wo sich der Nordpol befindet.
- Aktien: Hält Sie über den Stand Ihrer Aktien auf dem Laufenden (mit Verzögerung).
- Podcasts: Liefert regelmäßige Internet »Radiosendungen« auf das iPhone.
- Game Center: Die Zentrale für Multiplayer-Spiele.
- Tipps: Lernen Sie, was Ihr iPhone zu bieten hat.
- Passbook: Passbook speichert Kundenkarten, Eintritts-

karten, Bordkarten und ähnliches, hat sich bisher bei den Firmen allerdings noch nicht durchgesetzt.

- Health: Künftig die Gesundheitszentrale auf dem iPhone – derzeit eher noch Zukunftsmusik.
- Apple Pay: Ab Oktober zunächst in den USA – damit wird man das iPhone zum Bezahlen nutzen können.

Soziale Netzwerke: Facebook und Twitter

Für viele Smartphone-Besitzer sind sie längst Teil des tägli-chen Lebens: Facebook, Twitter, Google+ – soziale Netzwerke also, die Ihre Verbindung mit Ihren Freunden und Bekann-ten aufrecht erhalten. Die eben genannten Netzwerke sind zweifellos die wichtigsten – es gibt aber auch noch einige kleinere für spezielle Zwecke oder besondere Zielgruppen, etwa Business-Netzwerke wie Xing und LinkedIn. Auch für diese liegen Apps im Appstore bereit.

Die beiden Social Networks, über die wir hier sprechen wollen, sind zwar auf Ihrem iPhonr noch nicht als Apps vor-installiert, aber schon in den Tiefen des Systems verankert. Deshalb haben sie auch im Einstellungs-Menü eigene Einträge. Wann immer Sie ein Foto teilen wollen, werden sie Ihnen begegnen. Wenn Sie noch kein Mitglied dort sind, könnte das ja der Anstoß sein, einen Account zu eröffnen.

Falls die Diskussion um den Datenschutz Sie davon ab-hält: Tatsächlich sind Sie auch als Mitglied an keiner Stelle verpflichtet, Ihre Daten mit der Öffentlichkeit zu teilen. Was Sie allerdings schon mitbringen müssen, ist ein gewisses Vertrauen in den Betreiber. Da es sich um Unternehmen handelt, stehen natürlich kommerzielle Motive dahinter. Sie gehen ein Geschäft ein: Ihre Daten gegen den Nutzen des Netzwerks. Man wird deshalb versuchen, Ihre Daten gewinnbringend zu nutzen – andererseits wäre es schlecht für das Image (und damit für die Umsätze), bei diesem Versuch Gesetze zu missachten oder die Erwartungen der Nutzer zu enttäuschen. FacebookFacebook ist das größte soziale Netzwerk der Welt – wobei sein Wachstum in Deutschland wohl weitgehend zum Stillstand gekommen ist. Die Chance, unter den eigenen Bekannten Facebook-Mitglieder zu finden, ist groß. Im System selbst gibt es aber keine Bekannten – nur Freunde (Facebook-Mitglieder, zu denen Sie in Kontakt stehen) oder Fremde.

Genutzt wird das System vorwiegend aus privaten Motiven. Außerdem können Unternehmen hier über eigene Seiten Kontakt zu ihren Kunden aufnehmen. Geschäftspartner werden Sie eher selten auf Facebook finden, wobei die Grenzen da zunehmend schwinden. So gibt es zum Beispiel Gruppen, in denen man sich über durchaus beruflich interessante Themen unterhält. Die meisten Nutzer bringen in Facebook jedenfalls ihre private Seite ein. Die Nutzung des Systems ist kostenlos.

Die Facebook-App erkennen Sie leicht am weißen Kleinbuchstaben »f« auf blauem Grund. Sie ist ähnlich gegliedert wie das Facebook, das Sie auch aus dem Webbrowser kennen. Ein Suchfeld bildet den oberen Rahmen des Bildschirms, direkt darunter greifen Sie auf Ihr eigenes Profil zu. Es folgen »Neuigkeiten« (das sind öffentliche oder semiprivate Nachrichten all Ihrer Freunde), dann »Nachrichten« (entspricht den E-Mails, also direkt an Sie gerichtet).

»In der Nähe« zeigt Ihnen Orte in der Nähe Ihrer aktuellen Position. Ich habe dieses Feature ehrlich gesagt noch nie benutzt. Unter »Veranstaltungen« finden Sie nicht nur Events, zu denen Sie eingeladen wurden, sondern auch Geburtstage: eine nützliche Funktion, um keinen Ihrer Bekannten zu vergessen. Nicht jeder trägt hier allerdings sein wahres Geburtsdatum ein.

»Freunde« listet all Ihre Facebook-Bekanntschaften, aber auch die Seiten (von Firmen), denen Sie ein »Mag ich« gegeben haben. Falls Sie hier noch Platz haben, »liken« Sie doch gern meine Seite www.facebook.com/iPhone6Handbuch – hier erhalten Sie auch Nachrichten, falls es eine neue Version des Handbuchs gibt.

Dann folgen Ihre Gruppen. Dabei handelt es sich um Foren, die sich bestimmten Themen widmen. Sie können öffentlich sein oder auch nur für Mitglieder lesbar. Falls Sie sich für Self Publishing interessieren, finden Sie mich zum Beispiel in der Gruppe »Self Publishing«.

Nach den Gruppen folgen »Seiten« – nämlich die, die Sie selbst angelegt haben, zum Beispiel für Ihren Blumenladen »Immergrün« oder Ihre neueste, selbst produzierte CD.

Der nächste Abschnitt heißt »Freunde«. Er zeigt die neuesten Mitteilungen Ihrer Freunde an, sortiert nach den Zirkeln, in die Sie diese einsortiert haben, also etwa »Familie«.

Unter »Anwendungen« listet die App so genannte Anwendungen. Das sind kleine Programme, die Ihre Facebook-Daten nutzen dürfen. Es kann nicht schaden, ab und zu hier hereinzuschauen.

Im Menü »Interessen« zeigt Ihnen Facebook, was es bei den von Ihnen abonnierten Nutzern Neues gibt. Abonnements bieten Ihnen die Möglichkeit, sich stets die neuen öffentlichen Mitteilungen bestimmter Facebook-Mitglieder (etwa von Promis) anzeigen zu lassen, ohne mit diesen befreundet zu sein, also die eigenen privaten Daten auszutauschen.

Wichtig sind die »Einstellungen«. Der erste Punkt, der »Codegenerator«, schützt Ihr Konto zusätzlich vor Fremdzugriffen. Wenn sich jemand in Ihren Facebook-Zugang einloggen will, muss er ein zusätzliches Kennwort aus sechs Ziffern eingeben, das dieser Codegenerator erzeugt. Es gilt nur für 60 Sekunden. Benutzen Sie das Feature nur, wenn Sie Ihr Tablet stets mit dabei haben. Weiter unten können Sie außerdem ale Einstellungen bearbeiten, die Ihre Privatsphäre betreffen. Kurz gesagt: Wer darf was sehen?

TwitterTwitter ist eine Mischung aus Medium und sozialem Netzwerk. Interaktionen laufen hier über maximal 140 Zeichen lange Kurzmitteilungen (Tweets) ab. Die Begrenzung rührt daher, dass Twitter früher mal per SMS mit neuen Inhalten versorgt wurde – und SMS haben nur 160 Zeichen.

In Twitter haben Sie keine Freunde, sondern Follower. Wenn Sie einen anderen Twitterer interessant finden, dann folgen Sie ihm – das heißt, Sie bekommen in Zukunft all seine Tweets auf Ihrer Startseite angezeigt.

Tweets können dabei höchst unterschiedlicher Natur sein: Sie stellen das eigene Befinden dar, enthalten kluge oder weniger kluge Sprüche oder weisen auf interessante Webseiten hin. Wenn Sie sich anmelden, schlägt Twitter Ihnen Nutzer vor, denen Sie folgen können. Weitere interessante Twitterer werden Sie mit der Zeit finden, weil diese von Tweets als Quelle erwähnt werden.

Alle Tweets sind öffentlich, das heißt jeder, der Ihr Twitter-Handle (Ihren Kurznamen, mich finden Sie unter »mmatting«) kennt, kann sie lesen. Es gibt auch die Möglichkeit, die eigenen Nachrichten zu schützen, also nur Followern zu Verfügung zu stellen, doch das widerspricht im Grunde dem Gedanken hinter Twitter.

Die Twitter-App ist auf Ihrem iPhone noch nicht vorinstalliert, aber kostenlos im Appstore zu bekommen. Ihre Nutzung ist nicht kompliziert. Auf der Startseite finden Sie in zeitlicher Abfolge alle Tweets anderer Teilnehmer, denen Sie folgen. Interessiert Sie ein Tweet besonders, tippen Sie darauf. So können Sie eine darin erwähnte Webseite aufrufen oder eine der grundlegenden Twitter-Funktionen ausführen: Antworten (öffentlich!), Retweeten (schickt den Tweet an all Ihre Follower) oder als Favorit markieren (eine Art Facebook-Like). Außerdem können Sie den Tweet über andere Kanäle teilen.

Im Hauptmenü oben rechts finden Sie ein Post-Symbol, über das Sie selbst neue Tweets verfassen können. Das Menü »Ich« bietet Ihnen zudem die Möglichkeit, Twitter-Usern, denen Sie folgen, eine Direktnachricht (DM) zu senden – diese kann nur der Empfänger lesen.

Sie sehen, Twitter ist übersichtlich – und gerade deshalb ein interessantes Medium, das sich sehr zielgerichtet nutzen lässt. Folgen Sie den Menschen, die zu Ihren privaten oder beruflichen Interessen Substanzielles zu sagen haben.

Foto und Film

Dass sich Kompaktkameras heute nicht mehr so gut wie vor ein paar Jahren noch verkaufen, liegt nicht am gestiegenen Anspruch der Foto-Fans. Vielmehr haben das iPhone (und andere Smartphones) das Anfertigen von Schnappschüssen so einfach gemacht, dass kein anderes Schnappschuss-Gerät mehr gebraucht wird. Das iPhone führt schon seit ein paar Jahren bei Beliebtheit und Qualität die Liga der Foto-Smartphones an.

Die Kamera

Die Kamera, leicht erhaben auf der Rückseite zu finden, fotografiert mit acht Megapixeln. Das ist nicht übermäßig viel. Auf dem iPhone 6 plus besitzt sie zudem einen optischen Bildstabilisator, der wirklich dabei hilft, Wackler zu vermeiden und auch bei wenig Licht noch aus der Hand fotografieren zu können.

Aufrufen können Sie die Kamera entweder über die App oder über den Sperrbildschirm (Kamerasymbol nach oben schieben). Die Kamera besitzt stets dieselbe Aufteilung, egal ob Sie fotografieren oder Videos drehen.

Ganz oben (beziehungsweise links im Querformat) finden Sie die Parameter-Leiste mit dem Kamera-Umschalter (Rück-/Frontkamera) am rechten Rand. In der Mitte ist natürlich die Vorschau zu sehen. Direkt darunter wählen Sie den Kameramodus. In der Mitte unten liegt der Auslöser (weiß bei Fotos, rot bei Filmen). Rechts davon ist das Effekte-Menü, links davon die Foto-Bibliothek.

- ▸O▸ Beginnen wir mit den Kamera-Modi, und zwar ganz links.
- ▸O▸ Zeitraffer: Die Kamera nimmt nur alle zehn Sekunden ein Bild auf und erzeugt daraus dann einen Film. Perfekt für Sonnenuntergänge und andere langsame Vorgänge! Leider lässt sich der Abstand der Bilder nicht einstellen. Benutzen Sie eine Ablage, damit der Film nicht verwsckelt.
- ▸O▸ Slo-Mo: Das Gegenteil des Zeitraffers. Nimmt pro Sekunde 120 oder 240 Bilder auf (einstellbar), das Ergebnis ist eine Zeitlupe eines schnellen Vorgangs.

- ⊙ Video: Zeichnet ein Video auf. Über das Blitzsymbol können Sie eine Videoleuchte hinzuschalten. Im Einstellungs-Menü legen Sie fest, ob die Aufnahme mit 30 oder 60 Bildern pro Sekunde erfolgt.

- ⊙ Foto: Ein normales Foto oder gleich mehrere, wenn Sie den Finger auf dem Auslöser lassen. Den LED-Blitz können Sie bei Bedarf zuschalten. Die HDR-Funktion erzeugt aus mehreren unterschiedlich belichteten Bildern eine Komposition, die in jedem Bildteil noch Kontraste zeigt. Das Icon neben dem HDR-Zeichen ist der Selbstauslöser, den Sie auf 3 oder 10 Sekunden stellen können.

- ⊙ Quadrat: Nutzt ein quadratisches Foto-Format – reine Spielerei.

- ⊙ Pano: Die Panorama-Funktion. Ziehen Sie das iPhone in dem Tempo zur Seite, wie es der Pfeil auf dem Bildschirm vorgibt.

Das Effekte-Menü zeigt Ihnen ein Raster von neun Effekten, die Sie auf ein Foto anwenden können.

Bilder bearbeiten

Wenn Sie Ihre Bilder ein bisschen aufbessern wollen, hält die Foto-Bibliothek dazu ein paar Funktionen bereit. Rufen Sie dazu das betreffende Bild auf und tippen Sie auf »Bearbeiten«.

Oben rechts sehen Sie nun einen Zauberstab. Ein Tipp darauf, und die schlaue Automatik versucht, Kontraste, Farben und Schärfe zu optimieren. Wenn Ihnen das Ergebnis gefällt, tippen Sie den gelben Haken unten rechts an, wenn nicht,

stellt das blaue **X** unten
links den Ausgangszustand
her.

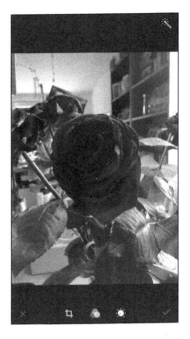

- ►O► Alternativ können
Sie aber auch selbst
tätig werden. Dazu
haben Sie drei Werk-
zeuge, die Sie am
unteren Bildrand fin-
den, und zwar in der
Mitte.Beschneiden:
Korrigieren Sie die
Ausrichtung des Hori-
zonts, drehen Sie das
Bild um 90 Grad oder
erzeugen Sie eins von
vielen anderen Forma-
ten (Quadrat, 3:2, 5:3, 4:3 ...) aus der Vorlage.

- ►O► Farbeffekt: Wenden Sie einen von acht Farbeffekten an
(S/W, Alt, Chrom, Sofortbild...)Belichtung: Regulieren
Sie Licht und Farben sehr fein. Dabei stehen zahlreiche
Parameter zur Verfügung: Sättigung, Kontrast, Farbstich,
Schwarzpunkt, Schatten, Glanzlichter... Wenn Ihnen die
Werte nichts sagen, tippen Sie einfach auf den Namen
des Parameters (Licht, Farbe oder S/W), und Sie können
anhand einer Vorschau den besten Wert finden.

Musik und Video

Apple hat sich mit der von den Beatles gegründeten Firma Apple Music lange um den Namen gestritten – schon daran zeigt sich, wie sehr Musik zu Apple gehört. Immerhin ist die Firma auch vor allem dank des überaus erfolgreichen iPod nach einigen Misserfolgen wie der Phönix aus der Asche gestiegen.

Musik und Filme kaufen

Als Musik- und Filmzentrale fungiert bei Apple der iTunes Store. Hier können Sie wirklich unzählige Musikstücke und eine große Auswahl an Filmen und TV-Sendungen erwerben, und zwar zu durchaus bezahlbaren Preisen. Das funktioniert direkt auf dem iPhone mit den Apps »Musik« und »Video«.

Der Musikstore ist in »Highlights« (von der Store-Redaktion ausgewählt) und »Charts« (die meistverkauften) gegliedert

und lässt sich nach Genres (Button links oben) sortieren. Käufe werden über Ihre Apple-ID abgerechnet. Haben Sie ein Musikstück einmal gekauft, können Sie es beliebig lange aus dem iTunes-Store wieder herunterladen, Sie brauchen also nicht zu befürchten, dass Ihr iPhone 6 irgendwann mal aus allen Nähten platzt.

Der Videostore sieht dem Musikstore sehr ähnlich und funktioniert nach dem gleichen Prinzip. Hier ist ja noch viel wichtiger, dass Sie nicht jede gekaufte Datei auf dem Gerät behalten müssen. Zwei Besonderheiten gibt es bei Filmen: Erstens können Sie viele Streifen auch leihen. Sie haben dann vom ersten Abspiel-Start für 48 Stunden das Recht, den Film anzusehen – danach wird er wieder aus Ihrer Bibliothek entfernt.

Zweitens gibt es die meisten Filme in unterschiedlichen Auflösungen: Standard (meist günstiger und schneller herunterzuladen) und HD (schärfer). Je nachdem, wo Sie den Film betrachten wollen, sollten Sie die Auflösung wählen. Sie können Ihr iPhone 6 zwar nicht direkt an den Fernseher anschließen, aber über ein AppleTV oder einen Computer lässt sich jeder auf dem iPhone gekaufte Streifen auch auf einem Flachbild-TV ausgeben.

Die Lieder, die Sie bei Apple kaufen, besitzen in der Regel

keinen Kopierschutz. Sie können (und dürfen) sie also auch auf anderen Geräten verwenden. Mit der Familienfreigabe von iOS ist das besonders einfach.

Wenn Sie Musik oder Filme lieber in einem anderen Online-Laden kaufen (etwa bei Amazon oder Google), ist das meist kein Problem. Das iPhone kann sowohl Musik im von Apple verwendeten AAC-Format als auch normale MP3-Songs abspielen. Sie sollten allerdings darauf achten, keine Lieder oder Filme mit Kopierschutz zu kaufen. Diese sind nicht abspielbar, es sei denn, der Anbieter liefert auch einen eigenen Musik-Player als App.

Wenn Sie noch auf CDs setzen, können Sie diese problemlos mit Hilfe der iTunes-Software in digitale Songs umwndeln (»rippen«). Legen Sie dazu bloß die CD ins Computer-Laufwerk und lassen Sie iTunes den Rest erledigen.

Als Film- und Serien-Junkie sollten Sie Filme besser nicht einzeln kaufen. Dann empfehle ich Ihnen ein Abo, wie es etwa Netflix oder Amazon Prime Instant Video bieten. Beide sind mit eigenen Apps im Appstore vertreten.

Musik abspielen

Die Musik-App ist wie von anderen Anwendungen gewohnt über Reiter organisiert, die Sie am unteren Bildschirmrand finden. Von links nach rechts finden Sie:

- Listen: Die von Ihnen selbst zusammengestellten Abspiel-Listen (Playlists)
- Interpreten: Übersichtliche Sortierung nach den Interpreten der Songs. Wenn Sie auf einen Namen tippen, können Sie alle Lieder des Interpreten hintereinander abspielen.

- ► Titel: Alle Lieder hintereinander, alphabetisch angeord-
  net. Ein Wolkensymbol hinter dem Namen zeigt, dass das
  Lied noch nicht auf das Gerät heruntergeladen wurde.
- ► Alben: Hier erreichen Sie Ihre Musik nach Alben beziehungsweise CDs organisiert.
- ► Mehr: Unter diesem Punkt finden Sie die Auflistungen
  nach Genres, Compilations und Komponisten. Tippen Sie
  auf »Bearbeiten«, um diese Listen gegen die Standard-
  Reiter auszutauschen.

Haben Sie sich für einen Song entschieden, tippen Sie auf
den Namen, und der eigentliche Player öffnet sich. Er zeigt
oben das Albumcover (wenn vorhanden). Darunter finden
Sie eine Zeitleiste, in der Sie auch schnell vorwärts springen
können. Wenn Sie auf den Namen des Titels tippen, erscheint
eine Bewertungsleiste, in der Sie maximal fünf Sterne vergeben können. Diese Bewertungen dienen nur ihrer eigenen
Übersicht, sie erscheinen nicht online.

Die großen Abspiel-Buttons sind selbsterklärend. Interessant ist noch die »Neu«-Schaltfläche: Darüber können
Sie eine Playlist erstellen lassen, die dem aktuellen Song
ähnliche Lieder enthält, also vielleicht gut zu Ihrer aktuellen
Stimmung passt.

Im Appstore finden Sie noch zahllose weitere Apps, mit
denen Sie Musik auf Ihr iPhone holen können. Am bekann-
testen ist darunter wohl Spotify. Bei diesem Abodienst haben
Sie für einen geringen Monatsbeitrag Zugriff auf eine riesige
Musikbibliothek.

Sie können Musik übrigens auch verschenken. Tippen Sie
dazu auf den Teilen-Button (Rechteck mit Pfeil nach oben)
und wählen Sie aus den Optionen »Geschenk«.

Videos abspielen

Die Video-App ist noch etwas simpler als die Musik-App. Sie besitzt nur drei Reiter: Filme, (TV-)Sendungen und Musikvideos. Was sich darin befindet, dürfte klar sein.

Die offizielle App für Googles Videodienst YouTube ist seit einiger Zeit nicht mehr auf dem iPhone vorinstalliert. Sie können sie aber kostenlos aus dem Appstore laden.

Mit dem iPhone lesen

Mit 4,7 und 5,5 Zoll Diagonale kommen die beiden iPhone-Modelle schon nah an eReader heran, die meist 6 Zoll messen. Entsprechend gut eignen Sie sich als Lesergeräte für eBooks.

Lesen mit iBooks

Apples eBook-Laden hat zwar nicht die Markt-Durchdringung von Amazon erreicht – doch das liegt auch daran, dass man die iBooks-App bisher separat herunterladen musste. Damit ist nun Schluss. Die Lese-App befindet sich bereits auf Ihrem iPhone 6, sodass Sie sie problemlos ausprobieren können.

Das lohnt sich durchaus, denn elektronische Bücher haben hier ein paar Fähigkeiten, die ihnen auf den meisten anderen Geräten fehlen. Jedenfalls wenn sie speziell an iBooks angepasst wurden. Dazu gehören eine wirklich beeindruckende Grafik (besonders natürlich auf dem iPhone 6 plus mit seinem

FullHD-Bildschirm), aber auch drehbare 3D-Grafiken, inter-
aktive Fähigkeiten (Quizzes, Galerien) oder das Abspielen
von Musik und Videos. Werfen Sie am besten mal einen Blick
auf die Apple-Versionen meiner eBooks »Die neue Biografie
des Universums« oder »Die faszinierende Welt der Quanten«.

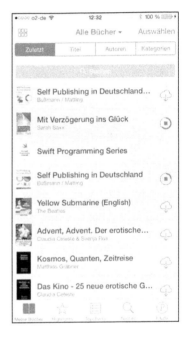

Der Umgang mit der App ist
gewohnt einfach. Nach dem
Start landen Sie zunächst in
Ihrer Bibliothek. Hier erscheinen gekaufte Titel, aber auch
PDF-Dokumente, die die
iBooks-App ebenfalls anzeigen
kann. Am oberen Rand des
Bildschirms können Sie in der
Mitte auswählen, was Ihnen
angezeigt werden soll, das
Icon links schaltet zwischen
Listen- und Cover-Darstellung
um. Die fünf Reiter unten
haben folgende Funktionen:

- Meine Bücher: Ihre
  Bibliothek.
- Highlights: Von Apple besonders beworbene eBooks.
- Topcharts: Die meistverkauften Titel.
- Suche: Suchfunktion für den iBooks-Store.
- Käufe: Ihre bei Apple gekauften eBooks.

Sie können eBooks übrigens auch verschenken. Tippen Sie
dazu auf den Teilen-Button (Rechteck mit Pfeil nach oben)
und wählen Sie aus den Optionen »Geschenk«.

Um ein Buch zu lesen, tippen Sie einfach darauf. Geblättert wird per Fingerzeig auf den rechten beziehungsweise linken Rand. Tippen Sie in die Mitte des Bildschirms, um das Menü aufzurufen. Die Symbole oben haben dann folgenden Zweck (von links nach rechts):

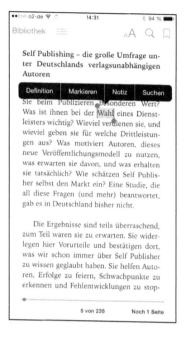

- Bibliothek: Zurück zur Bücherliste.
- Zum Inhaltsverzeichnis des aktuellen eBooks-Schriftgröße und Schriftart sowie Helligkeit, Lesemodus und Hintergrundfarben ändern. In der »Rollansicht« blättern Sie nicht mehr, sondern scrollen nach unten wie auf einer riesigen Website.
- Suchfunktion im Buch.
- Lesezeichen setzen.

Über die Leiste unten bewegen Sie sich schnell im Buch.

Durch längeres Tippen auf eine Textstelle aktivieren Sie den Markierungsmodus. Die Größe der Markierung können Sie mit dem Finger definieren. Tippen Sie nun auf »Markieren«, unterlegen Sie die Textstelle farbig. Mit einer »Notiz« können Sie eigene Anmerkungen hinzufügen.

Wenn Sie auf ein einzelnes Wort getippt haben, erscheint zusätzlich »Definition«: damit schlagen Sie die Bedeutung des

Wortes nach. Auf der Seite mit der Wortbeschreibung können Sie auch weitere Informationsquellen einbinden, wenn Sie auf »Verwalten« tippen. Übersetzungs-Wörterbücher wie bei der Kindle-App (siehe unten) sind allerdings nicht darunter.

Auf dem iPhone können Sie natürlich auch Zeitschriften lesen – dafür hat Apple den Zeitungskiosk als eigene App eingerichtet.

Lesen mit der Kindle-App

Kunden des Buchhändlers Amazon können auch auf dem iPhone auf Ihr Lesematerial zurückgreifen. Die App des Anbieters ist kostenlos und recht komfortabel.

Sie unterstützt zum Beispiel auch externe Wörterbücher (wie ich sie anbiete) (http://www.selfpublisherbibel.de/tipp-worterbucher-auf-dem-kindle-und-paperwhite/), mit denen Sie per Fingerzeig fremdsprachliche Begriffe ins Deutsche übertragen lassen können. Und zwar direkt im Buch, ohne dass Sie eine Übersetzungs-App anwerfen müssen und auch ohne Internet-Verbindung.

So wie Amazon haben auch alle anderen eBook-Anbieter ihre eigenen Apps – von Thalia, Hugendubel und Weltbild bis hin zu eBook.de. Der Vorteil dieser Apps besteht darin, dass sie sich direkt mit Ihrem Kundenkonto beim betreffenden Anbieter verknüpfen lassen. Falls Sie dort Kunde sind.

eBooks in der Bibliothek ausleihen

Schon seit 2010 gibt es in Deutschland den Service der Onleihe - Nutzer vieler öffentlicher Bibliotheken können darüber

Matthias Matting

kostenlos Bücher leihen. Voraussetzung ist, dass Sie als Leser angemeldet sind und dass Ihre Bücherei an der Onleihe teilnimmt. Das ist oft der Fall, aber nicht immer. Über http://www.onleihe.de können Sie sich informieren, ob das in Ihrer Stadt zutrifft.

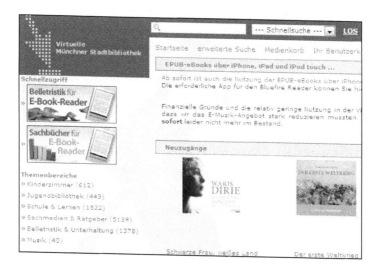

Das Verfahren funktioniert genau so, wie man es auch der Bücherei kennt. Das heißt, auch die virtuelle Bibliothek besitzt von jedem Titel nur wenige Exemplare. Wenn diese gerade verliehen sind, dann fehlen sie im Regal. Man kann sich allerdings vormerken lassen. Ist ein Buch gerade vorrätig, kann man es per Mausklick ausleihen. Ab diesem Moment beginnt die Leihfrist.

Wie lang die Frist ist, ist von Bibliothek zu Bibliothek unterschiedlich. Bei eBooks liegt sie zwischen 7 und 21 Tagen, bei Magazinen meist bei wenigen Tagen und bei Zeitungen bei Stunden. Sie müssen jedoch nicht darauf achten, das Buch rechtzeitig zurückzugeben, denn die Lizenz läuft automatisch aus – und dann kann man das Werk einfach nicht mehr lesen.

Allzu groß ist das Angebot derzeit allerdings noch nicht. Am besten funktioniert es mit Büchern im ePub-Standard, aber auch PDFs bereiten keine grundlegenden Probleme. In welchem Format ein eBook vorliegt, erkennen sie an den Titel-Informationen.

Wenn Sie elektronisch Bücher leihen wollen, müssen Sie sich zunächst bei einer der Bibliotheken anmelden. Dazu müssen Sie meist in deren Einzugsgebiet wohnen. Außerdem lassen Sie sich dort für die Onleihe freischalten.

Ist das passiert, öffnen Sie am Computer zunächst die Seite der Onleihe und suchen die Präsenz Ihrer Bibliothek vor Ort. Stöbern Sie im Angebot, und wenn Sie einen interessanten Titel gefunden haben (PDF- oder ePub-Format kommen in Frage), leihen Sie ihn aus. Wie beim eBook-Shopping bekommen Sie pro eBook eine .acsm-Datei zum Download, die Sie dann auf das iPhone transferieren müssen. Noch bequemer funktioniert das mit der Onleihe-App für iOS.

Kostenlose eBooks laden

Das genügt Ihnen nicht? Hier ist eine Liste mit weiteren Buch-Archiven.

Beam eBooks

http://www.beam-ebooks.de/kostenlos.php5

Eine durchaus nicht kleine Auswahl kostenlosen Lesestoffes

Bookrix

http://www.bookrix.de/ebooks_lesen.html

Bookrix ist eine Autoren- und Lesercommunity, die über 88.000 eBooks kostenlos bereitstellt.

eBook.de

http://www.ebook.de/de/category/59011/gratis_ebooks.
html

Bietet einige hundert kostenlose Titel zum Download

Eleboo

http://www.eleboo.de/kostenlose-ebooks

In dieser Büchercommunity können Autoren ihre Bücher
kostenlos anbieten – viele haben das bereits getan

Freebook

http://freebook.de

Freebook zählt derzeit über 800 kostenlose eBooks

Freiszene

http://www.freiszene.de/ebooks/

Eine größere Auswahl kostenloser eBooks, einen Blick wert

Gutenberg-Projekt

http://www.gutenberg.org/

Über 36.000 kostenlose eBooks in fast allen Sprachen der
Welt, die Sie direkt in einem für den Tolino geeigneten Format herunterladen können. In den »Categories« finden Sie
übrigens auch ein deutschsprachiges Bücherregal.

Google eBookstore

http://books.google.com/ebooks

Die Ergebnisse von Googles Scan-Aktion - vor allem im PDF-
Format. Wenn Sie die Buch-Details öffnen, können Sie auch
das ePub-Format auswählen («EPUB herunterladen«).

Free Computerbooks

http://freecomputerbooks.com

Kostenlose eBooks aus dem Bereich Computer & Programmie-
rung (fast alle in englischer Sprache)

Internet Archive

http://www.archive.org/details/texts

2,8 Millionen Texte in allen Sprachen der Welt, die hier kostenlos zur Verfügung stehen, auch im ePub-Format. Über die „Advanced Search» können Sie auch Bücher in Deutsch herausfiltern - geben Sie dazu im „Custom Field» den Parameter „language» an und im Wertefeld daneben „german».

Kobo

http://www.kobobooks.de/free_ebooks

Kobo rühmt sich, mehr als eine Million kostenloser eBooks im Angebot zu haben. Ich habe nicht nachgezählt.

ManyBooks

http://www.manybooks.net

Über 30.000 ausgewählte Bücher (teilweise aus dem Gutenberg-Projekt), die man direkt im ePub-Format überspielen kann.

Open Library

http://openlibrary.org

Über eine Million Titel (vornehmlich Klassiker), die Sie direkt als ePub-File downloaden können. Darunter sind einige tausend deutsche Bücher. Nimmt auch an einem Leihprogramm mit etwa 10.000 (meist englischsprachigen) aktuellen Titeln teil.

Thalia

http://www.thalia.de/shop/ebooks_kostenlos/show/

Hat ein eigenes Regal mit einer deutlich vierstelligen Zahl kostenloser eBooks.

Aktuelle Buch-Verschenk-Aktionen

Seit Anfang 2012 hat die Anzahl der Aktionen rapide zugenommen, bei denen deutsche Verlage oder Autoren über Amazon und andere Anbieter ihre eBooks verschenken. Diese Aktionen dauern meist nur wenige Tage. Wenn Sie nichts verpassen wollen, sollten Sie regelmäßig bei diesen Websites vorbeischauen:

- XTME: http://www.xtme.de
- E-Literati: http://www.e-literati.de
- Best-eBook-Finder: http://bestebookfinder.com/
- eBook-Hunts: http://www.ebook-hunts.de
- Gratis-eBooks: http://www.gratis-e-books.de/top-10-gratis-ebooks/
- Legale kostenlose eBooks: http://ebooks.2add.info
- Buchregen: http://buchregen.com
- Ebookmeter: http://ebookmeter.info
- Gratizone: http://www.gratizone.com/?db=de
- Amazon-Forum »Kindle«, Thread: Aktuell kostenlose deutsche Kindle-Bücher: http://amzn.to/Hd8siF
- Amazon-Forum »eBook«, Thread: Listen Sie Ihre Kostenlosen eBooks Hier (GRATIS – FREE): http://amzn.to/YCHtI8
- E-Reader-Forum, Board »Werbung«: http://www.e-reader-forum.de/sonstiges/board9-werbung/

Die eBooks gibt es meist nur wenige Tage kostenlos, achten Sie also unbedingt darauf, ob der Preis wirklich noch bei 0 Euro liegt.

Anwendungen und Spiele

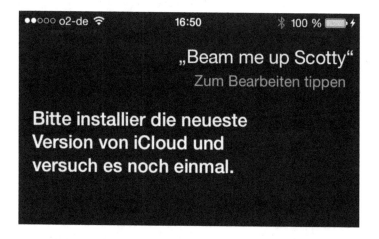

Seit der Einführung des iPhone wurden insgesamt über 75 Milliarden (!) Apps (Spiele eingeschlossen) aus dem Appstore heruntergeladen, das sind mehr als 10 Apps für jeden Bewohner dieses Planeten. Holen Sie sich sofort Ihren Anteil! Oder wollen Sie etwa Schuld sein, wenn die nächste Milliarde erst nächste Woche geknackt wird?

Apps und Spiele kaufen

Das Symbol des Appstore ist leicht auf dem Homescreen zu finden. Vielleicht klebt sogar schon eine rote Ziffer daran: ein Hinweis, dass es für eine der Apps auf Ihrem iPhone bereits eine neuere Version gibt.

Gegliedert ist der Appstore in fünf Bereiche: Highlights (von Apple beworben), Topcharts (meistverkaufte), Entdecken (Apps mit Bezug auf Ihren aktuellen Ort oder bestimmte

Interessen), Suchen (Suchfunktion) und Updates. Über die Updates kommen Sie sehr bequem stets an die neuesten App-Versionen. Schon aus Sicherheitsgründen sollten Sie diese auch ab unf zu herunterladen.

Sie können Apps übrigens auch am Computer kaufen (mit iTunes). Es ist jedoch nicht möglich, Apps aus anderen Quellen auf dem iPhone zu installieren. Dazu müssten Sie Ihr Handy jailbreaken, was so kurz nach Erscheinen des iPhone 6 noch nicht möglich ist.

Achtung: Es ist inzwischen oft üblich, eine App kostenlos, aber mit erheblichen Einschränkungen anzubieten. Wenn Sie die volle Funktionalität wünschen, müssen Sie aus der App heraus ein Upgrade kaufen. Trägt eine App bereits »FREE« im Namen, deutet das sehr darauf hin, dass sie am Ende doch Geld kostet.

Einkäufe in der App (»In-App«) sind auch bei Spielen gang und gäbe, wo man dann gegen kleine Beträge bestimmte Upgrades erwerben kann. Doch auch 79 Cent hier und da summieren sich, das sollten Sie auf jeden Fall Ihren Kindern erklären.

Sie können Apps übrigens auch verschenken. Tippen Sie dazu auf den Teilen-Button (Rechteck mit Pfeil nach oben) und wählen Sie aus den Optionen »Geschenk«.

Apps installieren und deinstallieren

Wenn Sie eine App im Appstore gekauft haben, installiert sie sich automatisch auf Ihrem iPhone. Um sie wieder vom Gerät zu löschen, tippen Sie das App-Icon länger an, bis es zu vibrieren beginnt. Dann betätigen Sie das »x«. Dieses Verfah-

ren funktioniert für Apples
Standard-Apps nicht, diese
lassen sich nicht löschen.

Das Startpaket: Die wichtigsten Apps

Die Auswahl im Appstore ist
auf den ersten Blick über-
wältigend. Wo sollten Sie
anfangen? Hier eine Auswahl
der wichtigsten Apps. Leider
erlauben einige eBook-
Händler keine Direktlinks
in fremde Stores. Wenn Sie
aber den Namen der App in
die Suchfunktion eingeben, kommen Sie fast ebenso schnell
ans Ziel.

- ⌀ Pages: Professionelles Schreibprogramm von Apple.
- ⌀ Numbers: Das Excel für das iPhone.
- ⌀ Keynote: Erstellen und halten Sie Präsentationen wie
  ein Profi. PowerPoint-kompatibel.
- ⌀ Garageband: Eine ganzes Orchester in Ihrem iPhone.
- ⌀ Facebook: Bleiben Sie informiert, was Ihre Freunde so
  treiben.
- ⌀ YouTube: Googles offizielle YouTube-App ermöglicht
  bequemen Zugriff auf Millionen Online-Videos.
- ⌀ Kindle: Wenn es um Lesestoff geht, ist Amazon nach
  wie vor unübertroffen.
- ⌀ Wunderlist: Anerkannt gute To-Do-Liste.

- imovie: Schneiden Sie Ihre eigenen Filme auf dem iPhone.
- Tagesschau: Die Nachrichten der ARD – jederzeit und überall.
- WhatsApp: Der Instant Messenger, den vermutlich die meisten Ihrer Bekannten nutzen. Gute Ergänzung zu iMessage.
- Blitzer.de: Wo warten Blitzfallen auf Sie? Benutzung nur vor der Fahrt erlaubt.
- Minecraft Pocket Edition: Entdecken Sie das Minecraft-Phänomen, für das Microsoft gerade ein paar Milliarden gezahlt hat.
- Flightradar24: Was passiert um Sie herum am Himmel?
- Sky Guide: Weißt du, wieviel Sternlein stehen?
- Skype: Für kostenlose Telefonate auch mit anderen Systemen
- DB Navigator: Findet Ihre nächste Zugverbindung.
- Navigon Europe: Zwar mit knapp 50 Euro nicht billig, ersetzt aber das Navi komplett und bleibt einfacher aktuell.
- 1Password: Passwort-Verwaltung, nutzt auch den Fingerabdruck-Sensor des iPhones.
- Zattoo: Holen Sie sich Live-TV-Sender auf den Bildschirm – funktioniert auch im Ausland und ganz ohne TV-Antenne.

Tipps und Tricks

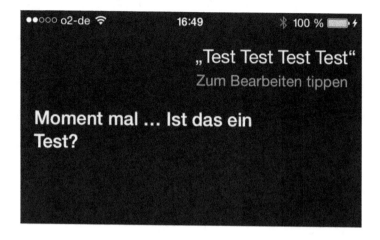

Mit den Tipps und Tricks aus diesem Kapitel nutzen Sie Ihr iPhone noch schlauer – manche Funktionen hat Apple versteckt, andere haben findige Programmierer nachgerüstet.

Bildschirmfotos anfertigen

Wenn Sie Homebutton und Einschalttaste gleichzeitig drücken, fertigt iOS einen Screenshot an. Das Bildschirmfoto finden Sie danach in der Galerie, es hat die Pixel-Maße des jeweiligen iPhone-Screens.

Auf jedem Drucker drucken

Normalerweise müssen Drucker Apples AirPrint-Standard unterstützen, damit das iPhone darüber drucken kann. Doch es geht auch anders: Es gibt Programme, die über einen Computer jeden im WLAN befindlichen Drucker Airprint-fähig machen. Die Software für MacOS heißt HandyPrint (http://www.netputing.com/handyprint/), die für Windows NetGear Genie (http://genie.netgear.de/).

Ordnerstruktur nutzen

Das iPhone lässt normalerweise keinen Blick auf sein Dateisystem zu, auch vom Computer aus nicht. Mit dem iDevice-Manager (http://www.iphoneexplorer.net) wird Ihr iPhone via USB zum USB-Stick. Aber Vorsicht: das Tool ist nicht ungefährlich, weil eine Manipulation der falschen Dateien die Funktionsfähigkeit des gesamten Systems beeinträchtigen kann.

Inhalte drahtlos austauschen

Ein oft zu wenig beachtetes Feature ist AirDrop. Darüber können Apple-Nutzer Inhalte unterschiedlicher Art drahtlos miteinander austauschen. Damit das funktioniert, müssen beide Anwender ein iOS-Gerät mindestens mit iOS 7 besitzen und Bluetooth sowie WLAN und natürlich AirDrop selbst aktiviert haben.

Ist dies der Fall, können Sie AirDrop stets vom Teilen-Menü aus nutzen. Sie tippen auf AirDrop und bekommen sofort angezeigt, welcher potenzielle Empfänger sich in der Nähe befindet. Tippen Sie auf den Namen, und nach der Zustimmung des Empfängers erfolgt der Transfer.

Matthias Matting

Flash-Seiten betrachten

Adobe selbst will Flash aufgeben, aber es gibt doch noch immer wieder Seiten, die nur mit dieser Technik funktionieren. Es gibt keine Möglichkeit, Flash direkt auf dem iPhone auszuführen. Doch ein paar Anbieter haben das als Marktlücke erkannt: Sie führen die Seite auf ihren eigenen Computern aus und schicken die Ergebnisse an Ihr iPhone. Das funktioniert zwar nicht besonders schnell, aber Flash gehört eh nicht zu den schnellsten Technologien ...

Die beiden wohl beliebtesten Anbieter in dieser Kategorie sind der Puffin Browser (http://www.puffinbrowser.com) und der Photon Player (http://www.appsverse.com/Browser). Kostenlos sind beide nicht, das liegt schon daran, dass jede Nutzung den Anbieter Ressourcen kostet. Mit dem Puffin können Sie zu bestimmten Tageszeiten kostenlos Flash nutzen, Photon kostet unter vier Euro.

Bücher-Schnäppchen finden

Eine täglich aktualisierte, automatisch zusammengestellte Auflistung von derzeit preisreduzierten eBooks finden Sie unter www.ebook-rabatte.de. Sie umfasst sowohl den iTunes-Store als auch die anderen Anbieter.

Bücher kostenlos lesen

Die FreeRead-App (www.freeread.de) erlaubt Ihnen, eBooks des Anbieters völlig kostenlos und ohne Registrierung auf dem iPhone zu lesen.

Register

Matthias Matting

Matthias Matting